GAIUS SALLUSTIUS CRISPUS

De coniuratione Catilinae
Die Verschwörung des Catilina

LATEINISCH UND DEUTSCH

ANDREA BÜTTNER
Hauptstrasse 94
90562 HEROLDSBERG
Tel. 0911 / 518 08 44

ÜBERSETZT UND HERAUSGEGEBEN
VON KARL BÜCHNER

PHILIPP RECLAM JUN. STUTTGART

Universal-Bibliothek Nr. 9428
Alle Rechte vorbehalten
© 1972 Philipp Reclam jun. GmbH & Co., Stuttgart
Gesamtherstellung: Reclam, Ditzingen. Printed in Germany 2001
RECLAM und UNIVERSAL-BIBLIOTHEK sind eingetragene Marken
der Philipp Reclam jun. GmbH & Co., Stuttgart
ISBN 3-15-009428-3

www.reclam.de

De coniuratione Catilinae

Die Verschwörung des Catilina

1. Omnis homines, qui sese student praestare ceteris animalibus, summa ope niti decet, ne vitam silentio transeant veluti pecora, quae natura prona atque ventri oboedientia finxit. sed nostra omnis vis in animo et corpore sita est: animi imperio, corporis servitio magis utimur; alterum nobis cum dis, alterum cum beluis commune est. quo mihi rectius videtur ingeni quam virium opibus gloriam quaerere, et quoniam vita ipsa qua fruimur brevis est, memoriam nostri quam maxume longam efficere. nam divitiarum et formae gloria fluxa atque fragilis est, virtus clara aeternaque habetur.
Sed diu magnum inter mortalis certamen fuit, vine corporis an virtute animi res militaris magis procederet. nam et prius quam incipias, consulto et, ubi consulueris, mature facto opus est. ita utrumque per se indigens alterum alterius auxilio eget. 2. igitur initio reges – nam in terris nomen imperi id primum fuit – divorsi pars ingenium, alii corpus exercebant; etiam tum vita hominum sine cupiditate agitabatur, sua quoique satis placebant. postea vero quam in Asia Cyrus, in Graecia Lacedaemonii et Athenienses coepere urbis atque nationes subigere, lubidinem dominandi causam belli habere, maxumam gloriam in maxumo imperio putare, tum demum periculo atque negotiis compertum est in bello plurumum ingenium posse. quod si regum atque imperatorum animi virtus in pace ita ut in bello valeret, aequabilius atque constantius sese res humanae haberent, neque aliud alio ferri neque mutari ac misceri omnia cerneres. nam imperium facile iis artibus retinetur, quibus initio partum est;

1. Alle Menschen, die danach trachten, mehr zu sein als die anderen Lebewesen, sollten mit letzter Kraft danach streben, daß sie ihr Leben nicht in der Stille unbemerkt durchlaufen wie das Vieh, das die Natur gekrümmt und dem Bauche hörig gebildet hat. Alle unsere Kraft indes liegt im Geistigen und im Körper: das Geistige verwenden wir zum Herrschen, den Körper mehr zum Dienen; das eine haben wir mit den Göttern gemein, das andere mit den Tieren. Um so richtiger scheint es mir zu sein, mit den Kräften des Geistes, nicht mit denen körperlicher Stärke Ruhm zu erwerben und, da ja das Leben selbst, das wir genießen, kurz ist, wenigstens das Andenken an uns so dauernd wie möglich zu befestigen. Denn der Ruhm des Reichtums und der Schönheit ist unbeständig und gebrechlich, wirkende Größe ein strahlender und ewiger Besitz.

Indes, lange war unter den Menschen ein großer Streit, ob das Kriegswesen mehr durch Körperkraft oder durch die Leistung des Geistes vorankäme. Denn bevor du beginnst, ist Überlegung, und sobald du überlegt hast, rechtzeitiges Handeln nötig. So bedarf beides, für sich bedürftig, das eine des anderen Hilfe. 2. Nun: zu Anfang übten die Könige – denn dies war auf Erden der erste Name für die Herrschaft – entgegengesetzt ein Teil den Geist, andere den Körper; damals verlief das Leben der Menschen noch ohne Begehrlichkeit; das Eigene gefiel einem jeden zur Genüge. Später aber, als in Asien Kyros, in Griechenland die Lazedämonier und die Athener begannen, Städte und Völkerschaften zu unterwerfen, ihre Herrschsucht zum Kriegsgrund zu nehmen, den höchsten Ruhm in der größten Herrschaft zu sehen, da erst erfuhr man in Gefahr und im Handeln, daß im Kriege am meisten der Geist vermag. Wenn aber die geistige Kraft der Könige und Herrscher im Frieden so stark wie im Kriege wäre, würden die menschlichen Verhältnisse mehr im Gleichgewicht und von größerer Beständigkeit sein, und man könnte nicht sehen, wie das eine dahin strebt, das andere dorthin, noch wie sich alles ändert und durcheinandergerät. Denn Herrschaft wird leicht durch die Eigenschaften fest-

verum ubi pro labore desidia, pro continentia et aequitate lubido atque superbia invasere, fortuna simul cum moribus immutatur. ita imperium semper ad optumum quemque a minus bono transfertur. quae homines arant navigant aedificant, virtuti omnia parent.

Sed multi mortales, dediti ventri atque somno, indocti incultique vitam sicuti peregrinantes transiere; quibus profecto contra naturam corpus voluptati, anima oneri fuit. eorum ego vitam mortemque iuxta aestumo, quoniam de utraque siletur. verum enim vero is demum mihi vivere atque frui anima videtur, qui aliquo negotio intentus praeclari facinoris aut artis bonae famam quaerit.

3. Sed in magna copia rerum aliud alii natura iter ostendit. pulchrum est bene facere rei publicae, etiam bene dicere haud absurdum est; vel pace vel bello clarum fieri licet; et qui fecere et qui facta aliorum scripsere, multi laudantur. ac mihi quidem, tametsi haudquaquam par gloria sequitur scriptorem et auctorem rerum, tamen in primis arduom videtur res gestas scribere: primum quod facta dictis exaequanda sunt; dehinc quia plerique, quae delicta reprehenderis, malevolentia et invidia dicta putant, ubi de magna virtute atque gloria bonorum memores, quae sibi quisque facilia factu putat, aequo animo accipit, supra ea veluti ficta pro falsis ducit.

Sed ego adulescentulus initio sicuti plerique studio ad rem publicam latus sum, ibique mihi multa advorsa fuere. nam pro pudore, pro abstinentia, pro virtute audacia, largitio,

gehalten, durch die sie anfangs gewonnen wurde. Wo aber statt Anstrengung Schlaffheit, statt Selbstbeherrschung und Gleichberechtigung Willkür und Überhebung eingezogen sind, ändert sich zugleich mit den Sitten auch der Zustand. Denn die Herrschaft geht immer gerade von dem weniger Guten auf den jeweils Besten über. Was die Menschen in Ackerbau, Schiffahrt, Baukunst schaffen, alles dies gehorcht der Tüchtigkeit.

Indes, viele aus dem Menschengeschlecht haben, dem Bauch und dem Schlafe ergeben, ungebildet und roh ihr Leben wie Fremdlinge durchlaufen; denen war wirklich wider die Natur der Körper das Vergnügen, die Seele die Last! Deren Leben stelle ich ihrem Tode gleich, da man über beides schweigt. Aber wirklich: der erst scheint mir zu leben und seines Geistes froh zu werden, der durch irgendeine Aufgabe angespannt den Ruhm einer strahlenden Tat oder eines rechten Könnens sucht.

3. Allein, bei der gewaltigen Fülle von Möglichkeiten zeigt die Natur jedem einen anderen Weg. Schön ist es, dem Gemeinwesen Gutes zu leisten; auch gut zu reden ist nicht verkehrt; im Frieden, aber auch im Kriege kann man berühmt werden; sowohl die, welche Taten vollbracht haben, als auch die, welche über die Taten anderer schrieben, haben in großer Zahl Lob geerntet. Und was mich angeht, so scheint es mir, wenn auch keineswegs gleicher Ruhm dem Darsteller und dem Handelnden folgt, doch besonders schwierig, Geschichte zu schreiben. Zum ersten, weil man den Taten mit den Worten gleichkommen muß; dann, weil die meisten, was du als Vergehen tadelst, aus Übelwollen und Neid gesagt glauben, wenn du aber von großem Manneswert und Ruhm der Wackeren erzählst, jeder nur, was er für leicht zu tun wähnt, ruhig aufnimmt, was darüber ist, wie Erdichtetes für Lüge hält.

Indes, ich ließ mich anfangs als junger Mann wie die meisten von meiner Begeisterung zum Staatsdienst tragen, und dort ist mir vieles widrig gewesen. Denn anstelle von Anstand, Beherrschung, Tüchtigkeit herrschten Frechheit, Bestechung,

avaritia vigebant. quae tametsi animus aspernabatur insolens malarum artium, tamen inter tanta vitia imbecilla aetas ambitione corrupta tenebatur; ac me, quom ab relicuorum malis moribus dissentirem, nihilo minus honoris cupido eadem, qua ceteros, fama atque invidia vexabat. 4. igitur ubi animus ex multis miseriis atque periculis requievit et mihi reliquam aetatem a re publica procul habendam decrevi, non fuit consilium socordia atque desidia bonum otium conterere, neque vero agrum colundo aut venando, servilibus officiis, intentum aetatem agere, sed a quo incepto studioque me ambitio mala detinuerat, eodem regressus statui res gestas populi Romani carptim, ut quaeque memoria digna videbantur, perscribere, eo magis quod mihi a spe, metu, partibus rei publicae animus liber erat.

5. Igitur de Catilinae coniuratione, quam verissume potero, paucis absolvam; nam id facinus in primis ego memorabile existumo sceleris atque periculi novitate. de quoius hominis moribus pauca prius explananda sunt, quam initium narrandi faciam.

L. Catilina, nobili genere natus, fuit magna vi et animi et corporis, sed ingenio malo pravoque. huic ab adulescentia bella intestina, caedes, rapinae, discordia civilis grata fuere, ibique iuventutem suam exercuit. corpus patiens inediae, algoris, vigiliae supra quam quoiquam credibile est. animus audax, subdolus, varius, quoius rei lubet simulator ac dissimulator, alieni appetens, sui profusus, ardens in cupiditatibus; satis eloquentiae, sapientiae parum. vastus animus immoderata, incredibilia, nimis alta semper cupiebat. hunc

Habgier. Wenn ich dies auch, böser Art fremd, abwies, so wurde zwischen so großen Lastern meine ungefestigte Jugend doch vom Ehrgeiz verdorben und darin festgehalten; und wenn ich mich auch von den schlimmen Sitten der übrigen absetzte, so ließ mich doch trotzdem der Ehrgeiz genauso wie die übrigen dieselbe üble Nachrede und denselben Neid erfahren. 4. Sobald also mein Geist nach vielen Widerwärtigkeiten und Gefahren zur Ruhe gefunden und ich beschlossen hatte, mein übriges Leben fern vom Staate zu verbringen, war es nicht meine Absicht, in Trägheit und Schlaffheit die schöne Muße zu vergeuden, aber auch nicht mit der Pflege des Ackers oder mit Jagen, knechtischen Betätigungen, beschäftigt mein Leben zu führen, sondern von welchem Beginnen und Bestreben mich der üble Ehrgeiz ferngehalten hatte, ebendorthin kehrte ich zurück und setzte mir vor, die Taten des römischen Volkes stückweis, wie jede des Gedächtnisses wert schien, zu beschreiben, um so mehr, weil mir der Geist frei war von Hoffnung, Furcht, Parteileidenschaft.

5. So will ich denn über die Verschwörung des Catilina so wahrheitsgemäß, wie ich kann, mit wenigen Worten berichten; denn diese Tat halte ich insbesondere für denkwürdig wegen der Neuartigkeit des Verbrechens und der Gefahr. Über dieses Menschen Lebensart muß ich erst einiges wenige erklärend sagen, bevor ich die Darstellung beginne.

Lucius Catilina, von edler Abkunft, besaß gewaltige Geistes- und Körperkraft, aber ein böses und verkehrtes Wesen. Ihm waren von früher Jugend an innere Kriege, Mord, Raub, Zwietracht unter den Bürgern nach seinem Herzen — und darin übte er sich auch in seine Mannesjahre. Sein Körper war unempfindlich gegen Hunger, Kälte, Wachen, mehr, als einem glaublich ist. Sein Geist war verwegen, hinterhältig, verschlagen, was man wollte, vorheuchelnd oder ableugnend, auf Fremdes aus, mit Eigenem verschwenderisch, erhitzt in Begierden; Beredsamkeit besaß er zur Genüge, Weisheit zu wenig. Sein maßloser Geist begehrte stets Unmäßiges, Unglaubliches, allzu Hohes. Den hatte nach der Gewaltherr-

post dominationem L. Sullae lubido maxuma invaserat rei publicae capiundae, neque id quibus modis adsequeretur, dum sibi regnum pararet, quicquam pensi habebat. agitabatur magis magisque in dies animus ferox inopia rei familiaris et conscientia scelerum, quae utraque iis artibus auxerat, quas supra memoravi. incitabant praeterea corrupti civitatis mores, quos pessuma ac divorsa inter se mala, luxuria atque avaritia, vexabant.

Res ipsa hortari videtur, quoniam de moribus civitatis tempus admonuit, supra repetere ac paucis instituta maiorum domi militiaeque, quo modo rem publicam habuerint quantamque reliquerint, ut paulatim immutata ex pulcherruma ⟨atque optuma⟩ pessuma ac flagitiosissuma facta sit, disserere.

6. Urbem Romam, sicuti ego accepi, condidere atque habuere initio Troiani, qui Aenea duce profugi sedibus incertis vagabantur, cumque iis Aborigines, genus hominum agreste, sine legibus, sine imperio, liberum atque solutum. hi postquam in una moenia convenere, dispari genere, dissimili lingua, alius alio more viventes, incredibile memoratu est quam facile coaluerint: ⟨ita brevi multitudo dispersa atque vaga concordia civitas facta erat⟩. sed postquam res eorum, civibus moribus agris aucta, satis prospera satisque pollens videbatur, sicuti pleraque mortalium habentur, invidia ex opulentia orta est. igitur reges populique finitumi bello temptare, pauci ex amicis auxilio esse; nam ceteri metu perculsi a periculis aberant. at Romani domi militiaeque intenti

schaft des Lucius Sulla der glühende Wunsch befallen, sich des Staates zu bemächtigen, und auf welche Weise er das erreichte, wenn er sich nur selbst die absolute Macht erwürbe, machte ihm gar nichts aus. Von Tag zu Tag wurde sein unbändiger Sinn mehr bedrängt vom Mangel an Vermögen und dem Bewußtsein seiner Verbrechen, was er beides durch die Eigenschaften noch gesteigert hatte, die ich eben dargestellt habe. Ein Antrieb waren außerdem die verkommenen Sitten des Staates, die zwei der schlimmsten und sich widersprechenden Übel, Verschwendung und Habsucht, verwüsteten.

Die Sache selbst scheint dazu aufzufordern, da der Punkt, wo wir stehen, uns an den sittlichen Zustand des Staates erinnert hat, weiter zurückzugreifen und mit wenigen Worten die Einrichtungen der Vorfahren in Krieg und Frieden, wie sie es mit dem Staat gehalten und wie gewaltig sie ihn hinterlassen haben, wie er sich allmählich änderte und aus dem schönsten und besten zum schlechtesten und schändlichsten geworden ist, zu erörtern.

6. Die Stadt Rom, wie ich wenigstens vernommen, haben gegründet und zu Anfang innegehabt Trojaner, die unter der Führung des Aeneas geflüchtet ohne feste Wohnsitze umherirrten, und mit ihnen zusammen die Aboriginer, ein unkultiviertes Geschlecht von Menschen, ohne Gesetze, ohne Herrschaft, frei und ungebunden. Nachdem diese in einem Mauerring zusammengekommen waren, von ungleicher Art, verschiedener Sprache, jeder nach anderen Gewohnheiten lebend, ist es unglaublich zu berichten, wie leicht sie zusammenwuchsen: so ist in Kürze ein zerstreuter und nomadisierender Haufen durch Eintracht zu einem Staat geworden. Indes, nachdem ihre Macht, an Bürgern, moralischer Tüchtigkeit, Äckern gemehrt, gar gedeihend und gar blühend schien, entstand, wie es meist beim Menschengeschlecht geht, Neid aus Reichtum. Also suchten die benachbarten Könige und Völker sie mit Krieg heim, wenige von den Freunden kommen zu Hilfe; denn die anderen blieben von Furcht gepackt der Gefahr fern. Aber die Römer sind in Krieg und

festinare, parare, alius alium hortari, hostibus obviam ire, libertatem patriam parentisque armis tegere. post, ubi pericula virtute propulerant, sociis atque amicis auxilia portabant, magisque dandis quam accipiundis beneficiis amicitias parabant. imperium legitumum, nomen imperi regium habebant. delecti, quibus corpus annis infirmum, ingenium sapientia validum erat, rei publicae consultabant; hi vel aetate vel curae similitudine patres appellabantur. post, ubi regium imperium, quod initio conservandae libertatis atque augendae rei publicae fuerat, in superbiam dominationemque se convortit, immutato more annua imperia binosque imperatores sibi fecere; eo modo minume posse putabant per licentiam insolescere animum humanum.

7. Sed ea tempestate coepere se quisque magis extollere magisque ingenium in promptu habere. nam regibus boni quam mali suspectiores sunt, semperque iis aliena virtus formidulosa est. sed civitas incredibile memoratu est adepta libertate quantum brevi creverit: tanta cupido gloriae incesserat. iam primum iuventus, simul ac belli patiens erat, in castris per laborem usum militiae discebat, magisque in decoris armis et militaribus equis quam in scortis atque conviviis lubidinem habebant. igitur talibus viris non labor insolitus, non locus ullus asper aut arduos erat, non armatus hostis formidulosus: virtus omnia domuerat. sed gloriae maxumum certamen inter ipsos erat: se quisque hostem ferire, murum ascendere, conspici, dum tale facinus faceret, properabat. eas divitias, eam bonam famam magnamque nobilitatem putabant. laudis avidi, pecuniae liberales erant;

Frieden angespannt rastlos tätig, rüsten, spornen sich gegenseitig an, treten den Feinden entgegen, schützen Freiheit, Vaterland und Eltern mit den Waffen. Danach, als sie die Gefahren durch ihre Mannhaftigkeit abgeschlagen hatten, brachten sie Bundesgenossen und Freunden Hilfe und schufen sich mehr durch Erweisen als durch Empfangen von Diensten politische Freundschaften. Sie hatten eine gesetzmäßige Regierung, der Name für die Regierung war der Königstitel. Ausgewählte Männer, deren Körper durch die Jahre schwach, deren Geist an Weisheit stark war, standen dem Gemeinwesen beratend bei; diese wurden wegen ihres Alters oder wegen der Ähnlichkeit der Fürsorge Väter geheißen. Danach, als die Königsherrschaft, die anfangs gedient hatte, die Freiheit zu erhalten und den Staat zu mehren, in Überhebung und Gewaltherrschaft umschlug, änderten sie die Weise und schufen sich eine jährlich wechselnde Regierung und zwei Machthaber: auf diese Art, glaubten sie, könne der menschliche Geist am wenigsten durch Schrankenlosigkeit ausarten.

7. Indes, damals begann sich ein jeder mehr hervorzutun, seine Fähigkeiten offener zu entwickeln. Denn den Königen sind die Tüchtigen verdächtiger als die Schlechten, und immer ist ihnen fremder Manneswert ein Schrecken. Unglaublich aber ist es zu berichten, wie gewaltig der Staat nach Erlangung der Freiheit in Kürze emporwuchs. So mächtige Ruhmbegierde hatte ihren Einzug gehalten. Schon gleich die Jugend, sobald sie waffenfähig war, lernte im Lager in Strapazen die Praxis des Kriegsdienstes, und sie hatten ihre Lust mehr an schönen Waffen und Streitrossen als an Dirnen und Gelagen. Also waren solchen Männern dann die Strapazen nicht ungewohnt, kein Platz zu rauh oder zu steil, kein Feind in Waffen schrecklich: Mannhaftigkeit hatte alles bezwungen. Der größte Wetteifer aber herrschte zwischen ihnen selbst um den Ruhm: jeder eiferte, den Feind zu treffen, die Mauer zu erklimmen, gesehen zu werden, wenn er eine solche Tat vollbrächte. Das hielten sie für Reichtum, das für guten Ruf und großen Adel. Nach Lob gierig, waren sie

gloriam ingentem, divitias honestas volebant. memorare possum, quibus in locis maxumas hostium copias populus Romanus parva manu fuderit, quas urbis natura munitas pugnando ceperit, ni ea res longius nos ab incepto traheret.
8. Sed profecto fortuna in omni re dominatur; ea res cunctas ex lubidine magis quam ex vero celebrat obscuratque. Atheniensium res gestae, sicuti ego aestumo, satis amplae magnificaeque fuere, verum aliquanto minores tamen quam fama feruntur. sed quia provenere ibi scriptorum magna ingenia, per terrarum orbem Atheniensium facta pro maxumis celebrantur. ita eorum, qui fecere, virtus tanta habetur, quantum eam verbis potuere extollere praeclara ingenia. at populo Romano numquam ea copia fuit, quia prudentissumus quisque maxume negotiosus erat; ingenium nemo sine corpore exercebat; optumus quisque facere quam dicere, sua ab aliis bene facta laudari quam ipse aliorum narrare malebat.
9. Igitur domi militiaeque boni mores colebantur; concordia maxuma, minuma avaritia erat; ius bonumque apud eos non legibus magis quam natura valebat. iurgia discordias simultates cum hostibus exercebant, cives cum civibus de virtute certabant. in suppliciis deorum magnifici, domi parci, in amicos fideles erant. duabus his artibus, audacia in bello, ubi pax evenerat aequitate, seque remque publicam curabant. quarum rerum ego maxuma documenta haec habeo, quod in bello saepius vindicatum est in eos, qui contra imperium in hostem pugnaverant quique tardius revocati proelio excesserant, quam qui signa relinquere aut pulsi loco cedere ausi erant; in pace vero, quod beneficiis magis quam

großzügig mit Geld; Ruhm wollten sie ungeheuren, Reichtum mit Ehren. Ich könnte erzählen, wo das römische Volk die größten Truppenmassen der Feinde mit einer kleinen Schar in die Flucht schlug, welche von Natur befestigten Städte es im Sturm genommen hat, wenn das uns nicht allzu weit von unserem Beginnen abziehen würde.
8. Aber wirklich, in allem herrscht das Glück; alle Dinge macht es berühmt oder verdunkelt es mehr nach Willkür als aus Gerechtigkeit. Der Athener Taten, wie ich wenigstens urteile, waren schon recht stattlich und großartig, aber doch bei weitem geringer als sie ihrem Ruf nach gelten. Aber weil dort große Darsteller hervortraten, werden über den Erdkreis hin der Athener Taten als die größten gefeiert. So gilt die Leistung derjenigen, die sie vollbrachten, für so groß, wie sie erlauchte Geister in Worten erheben konnten. Aber das römische Volk besaß niemals diese Fülle, weil gerade die Klügsten zugleich auch die Beschäftigtsten waren, niemand den Geist ohne den Körper übte, gerade die Besten lieber handeln als reden, lieber die eigenen Taten von anderen gelobt sehen als selbst die anderer erzählen wollten.
9. So wurden also daheim und im Kriege gute Sitten gepflegt, es herrschte größte Eintracht, ganz gering war die Habsucht; das Recht und das Gute hatten bei ihnen Kraft weniger durch Gesetze als von Natur. Streit, Zwistigkeiten, Feindschaften fochten sie mit den Feinden aus; die Bürger stritten mit den Bürgern um Manneswert. Beim Opfer für die Götter waren sie prunkliebend, daheim karg, gegen Freunde treu. Durch diese folgenden zwei Eigenschaften, durch Kühnheit im Kriege, sobald Frieden eingetreten war durch Gerechtigkeit, sorgten sie für sich und den Staat. Dafür habe ich als schlagendste Beweise dies, daß man im Kriege öfter gegen die vorging, die wider den Befehl gegen den Feind gekämpft hatten und die zu langsam, obwohl zurückgerufen, aus dem Gefecht gewichen waren, als gegen die, welche gewagt hatten, die Feldzeichen zu verlassen oder geschlagen vom Platze zu weichen; im Frieden aber, daß sie Herrschaft mehr durch Guttaten als durch Furcht aus-

metu imperium agitabant et accepta iniuria ignoscere quam persequi malebant.

10. Sed ubi labore atque iustitia res publica crevit, reges magni bello domiti, nationes ferae et populi ingentes vi subacti, Carthago, aemula imperi Romani, ab stirpe interiit, cuncta maria terraeque patebant, saevire fortuna ac miscere omnia coepit. qui labores, pericula, dubias atque asperas res facile toleraverant, iis otium divitiaeque, optanda alias, oneri miseriaeque fuere. igitur primo pecuniae, deinde imperi cupido crevit: ea quasi materies omnium malorum fuere. namque avaritia fidem probitatem ceterasque artis bonas subvortit; pro his superbiam, crudelitatem, deos neglegere, omnia venalia habere edocuit. ambitio multos mortalis falsos fieri subegit, aliud clausum in pectore, aliud in lingua promptum habere, amicitias inimicitiasque non ex re, sed ex commodo aestumare, magisque voltum quam ingenium bonum habere. haec primo paulatim crescere, interdum vindicari; post, ubi contagio quasi pestilentia invasit, civitas immutata, imperium ex iustissumo atque optumo crudele intolerandumque factum.

11. Sed primo magis ambitio quam avaritia animos hominum exercebat, quod tamen vitium propius virtutem erat. nam gloriam honorem imperium bonus et ignavos aeque sibi exoptant; sed ille vera via nititur, huic quia bonae artes desunt, dolis atque fallaciis contendit, avaritia pecuniae studium habet, quam nemo sapiens concupivit: ea quasi venenis malis imbuta corpus animumque virilem effeminat,

übten und, hatte man ein Unrecht erlitten, lieber verzeihen als ahnden wollten.

10. Indes, als der Staat durch Anstrengung und Gerechtigkeit gewachsen, gewaltige Könige im Krieg bezwungen, wilde Stämme und ungeheure Völker mit Gewalt unterworfen waren, Karthago, die Rivalin des Römischen Reiches, von Grund auf vernichtet worden war, alle Meere und Länder offenstanden, da begann die Schicksalsgöttin zu wüten und alles durcheinanderzubringen. Leute, die Strapazen, Gefahren, unentschiedene und harte Lagen leicht ertragen hatten, denen wurden die Muße und der Reichtum, sonst wünschenswerte Dinge, zur Last und zum Unglück. Und so wuchs zunächst die Gier nach Geld, dann die nach der Herrschaft; das war gleichsam der Brennstoff für alles Übel. Denn die Habgier untergrub die Verläßlichkeit, die Rechtschaffenheit und die anderen guten Eigenschaften; statt ihrer lehrte sie Überhebung, Grausamkeit, die Götter zu vernachlässigen, alles feil zu haben. Der Ehrgeiz zwang viele Menschen, falsch zu werden, anderes verschlossen im Herzen als auf der Zunge bereitzuhalten, Freundschaften und Feindschaften nicht nach wirklichem Wert, sondern nach dem Vorteil einzuschätzen, mehr eine anständige Miene als eine anständige Art zu haben. Dies wuchs zunächst allmählich, wurde bisweilen gestraft; darauf, als die Ansteckung wie eine Pest einbrach, änderte sich der Staat, die Herrschaft wurde aus der gerechtesten und besten zu einer grausamen und unerträglichen.

11. Indes plagte zunächst in höherem Grade als die Habsucht der Ehrgeiz die Herzen der Menschen, ein Fehler, der doch wertvoller Art noch näher steht. Denn Ruhm, Ehre, herrschende Stellung wünschen sich der Tüchtige und der Untaugliche in gleicher Weise; aber der erste strebt dahin auf dem richtigen Pfade; weil dem letzten die tüchtigen Gaben fehlen, sucht er mit List und Betrug dahinzugelangen. Die Habsucht eifert nach Geld, wonach es noch keinen Weisen gelüstet hat; wie mit bösen Giften getränkt, macht sie den Sinn des Mannes weibisch, ist immer ohne Maß und un-

semper infinita, insatiabilis est, neque copia neque inopia minuitur.

Sed postquam L. Sulla armis recepta re publica bonis initiis malos eventus habuit, rapere omnes, trahere, domum alius, alius agros cupere, neque modum neque modestiam victores habere, foeda crudeliaque in civis facinora facere. huc accedebat, quod L. Sulla exercitum, quem in Asia ductaverat, quo sibi fidum faceret, contra morem maiorum luxuriose nimisque liberaliter habuerat. loca amoena, voluptaria facile in otio ferocis militum animos molliverant: ibi primum insuevit exercitus populi Romani amare potare, signa tabulas pictas vasa caelata mirari, ea privatim et publice rapere, delubra spoliare, sacra profanaque omnia polluere. igitur ii milites, postquam victoriam adepti sunt, nihil reliqui victis fecere. quippe secundae res sapientium animos fatigant: ne illi corruptis moribus victoriae temperarent.

12. Postquam divitiae honori esse coepere et eas gloria imperium potentia sequebatur, hebescere virtus, paupertas probro haberi, innocentia pro malevolentia duci coepit. igitur ex divitiis iuventutem luxuria atque avaritia cum superbia invasere: rapere consumere, sua parvi pendere, aliena cupere, pudorem pudicitiam, divina atque humana promiscua, nihil pensi neque moderati habere. operae pretium est, quom domos atque villas cognoveris in urbium modum exaedificatas, visere templa deorum, quae nostri maiores, religiosissumi mortales, fecere. verum illi delubra deorum pietate, domos suas gloria decorabant, neque victis quicquam praeter

ersättlich, und weder durch Fülle noch durch Mangel wird sie gemindert.
Nachdem aber Lucius Sulla mit Waffengewalt den Staat an sich gerissen hatte und nach guten Anfängen ein schlimmes Ende gezeitigt hatte, da rafften alle, schleppten beiseite, der eine wünschte ein Haus, Ackerland der andere, die Sieger kannten weder Maß noch Beherrschung, begingen scheußliche und grausame Taten gegen ihre Mitbürger. Hierzu kam noch, daß Lucius Sulla das Heer, das er in Asien geführt hatte, um es sich dadurch treu zu machen, wider die Art der Vorfahren üppig und allzu großzügig gehalten hatte. Liebliche und genußreiche Gegenden hatten während der Ruhezeit leicht den trotzigen Sinn der Soldaten verweichlicht. Dort gewöhnte sich zum ersten Male das Heer des römischen Volkes an, zu lieben, zu trinken, Statuen, Gemälde, ziselierte Gefäße zu bewundern, sie auf eigene Faust oder offiziell zu rauben, die Heiligtümer zu plündern, Heiliges und Nichtheiliges alles zu besudeln. Nun, diese Soldaten ließen, als sie den Sieg errungen hatten, den Besiegten nichts übrig. Zumal Glück sogar die Herzen von Weisen schwach macht, geschweige denn, daß diese bei ihrer verdorbenen Art ihren Sieg maßvoll ausgenützt hätten.
12. Als Reichtum in Ehren zu stehen begann und ihm Ruhm, Befehlsstellung, Macht folgten, begann die Tugend zu erlahmen, Armut für Schande zu gelten, Lauterkeit als Böswilligkeit genommen zu werden. Also ergriffen die Jugend infolge des Reichtums Ausschweifung und Habgier zusammen mit Hochmut: sie raubten, sie praßten, achteten das Eigene gering, begehrten Fremdes, Anstand, Keuschheit, Göttliches und Menschliches ohne Unterschied, nichts war ihnen wertvoll, und sie kannten keine Grenze. Es lohnt die Mühe, wenn du Paläste und Landhäuser kennengelernt hast, die nach dem Maß ganzer Städte ausgebaut sind, die Tempel der Götter anzusehen, die unsere Vorfahren, die frömmsten der Sterblichen, gebaut haben. Aber jene schmückten die Heiligtümer der Götter mit Frömmigkeit, ihre Häuser mit Ruhm und raubten den Besiegten nichts, außer der Möglich-

iniuriae licentiam eripiebant. at hi contra, ignavissumi homines, per summum scelus omnia ea sociis adimere, quae fortissumi viri victores reliquerant: proinde quasi iniuriam facere id demum esset imperio uti.
13. Nam quid ea memorem, quae nisi iis, qui videre, nemini credibilia sunt, a privatis compluribus subvorsos montis, maria constrata esse? quibus mihi videntur ludibrio fuisse divitiae; quippe quas honeste habere licebat, abuti per turpitudinem properabant. Sed lubido stupri, ganeae ceterique cultus non minor incesserat: viri muliebria pati, mulieres pudicitiam in propatulo habere; vescendi causa terra marique omnia exquirere; dormire prius quam somni cupido esset; non famem aut sitim, neque frigus neque lassitudinem opperiri, sed ea omnia luxu antecapere. Haec iuventutem, ubi familiares opes defecerant, ad facinora incendebant: animus imbutus malis artibus haud facile lubidinibus carebat; eo profusius omnibus modis quaestui atque sumptui deditus erat.
14. In tanta tamque corrupta civitate Catilina, id quod factu facillumum erat, omnium flagitiorum atque facinorum circum se tamquam stipatorum catervas habebat. nam quicumque impudicus adulter ganeo manu ventre pene bona patria laceraverat, quique alienum aes grande conflaverat, quo flagitium aut facinus redimeret, praeterea omnes undique parricidae sacrilegi convicti iudiciis aut pro factis iudicium timentes, ad hoc quos manus atque lingua periurio aut sanguine civili alebat, postremo omnes, quos flagitium egestas conscius animus exagitabat, ii Catilinae proxumi fami-

keit, Unrecht zu tun. Aber diese dagegen, diese Lotterbuben, nehmen auf höchst verbrecherische Weise den Bundesgenossen alles das, was die tapfersten Männer als Sieger ihnen gelassen hatten; als ob Unrecht tun, das erst hieße: Herrschaft ausüben.

13. Denn was soll ich das erzählen, was nur denen, die es mit eigenen Augen gesehen haben, glaubwürdig ist, daß von manchen Privatleuten Berge umgestürzt, Meere mit Bauten bedeckt worden sind? Die scheinen mir mit dem Reichtum ihren Spott getrieben zu haben; was sie auf anständige Art hätten besitzen können, beeilten sie sich, häßlich zu mißbrauchen. Aber die Lust an Unzucht, Schlemmerei und dem übrigen Luxus war in nicht geringerem Maße eingerissen: Männer gaben sich als Frauen hin, die Frauen hielten ihre Keuschheit offen feil, des Essens wegen durchforschten sie über Land und Meer hin alles genau, schliefen, bevor das Bedürfnis nach Schlaf da war, warteten nicht Hunger oder Durst, weder Kälte noch Ermattung ab, sondern nahmen das alles in ihrer Schwelgerei vorweg. Das alles reizte die Jugend, wenn das väterliche Vermögen ausging, zu Schandtaten an. Ein Geist, der einmal von bösen Eigenschaften vergiftet war, konnte nicht leicht von seinen Süchten lassen; um so hemmungsloser war er dann auf jede Weise dem Erwerb hingegeben und dem Aufwand.

14. In einer so großen und so verderbten Gemeinschaft hatte Catilina, etwas, was zu tun sehr leicht war, Scharen von Schandtaten und Verbrechen aller Art wie eine Leibwache um sich. Denn jeder Lüstling, Verführer, Schlemmer, der mit Vergeuden, Bauchfüllen und Huren das väterliche Gut wie eine Bestie zerfetzt hatte, jeder, der große Schulden hatte auflaufen lassen, um damit ein Verbrechen oder eine Schandtat abzukaufen, zudem alle Mörder aus aller Welt, Tempelschänder, vor Gericht Verurteilte oder Leute, die für ihre Taten den Prozeß fürchteten, hierzu Leute, denen Hand und Zunge durch Meineid oder Bürgerblut den Unterhalt gaben, schließlich alle, die eine Schandtat, Armut, das Bewußtsein einer Schuld quälte, das waren Catilina die

liaresque erant. quod si quis etiam a culpa vacuos in amicitiam eius inciderat, cottidiano usu atque illecebris facile par similisque ceteris efficiebatur. sed maxume adulescentium familiaritates appetebat; eorum animi molles etiam et [aetate] fluxi dolis haud difficulter capiebantur. nam ut quoiusque studium ex aetate flagrabat, aliis scorta praebere, aliis canes atque equos mercari; postremo neque sumptui neque modestiae suae parcere, dum illos obnoxios fidosque sibi faceret. scio fuisse nonnullos, qui ita existumarent iuventutem, quae domum Catilinae frequentabat, parum honeste pudicitiam habuisse; sed ex aliis rebus magis, quam quod quoiquam id compertum foret, haec fama valebat.

15. Iam primum adulescens Catilina multa nefanda stupra fecerat, cum virgine nobili, cum sacerdote Vestae, alia huiusce modi contra ius fasque. postremo captus amore Aureliae Orestillae, quoius praeter formam nihil umquam bonus laudavit, quod ea nubere illi dubitabat timens privignum adulta aetate, pro certo creditur necato filio vacuam domum scelestis nuptiis fecisse. quae quidem res mihi in primis videtur causa fuisse facinus maturandi. namque animus impurus, dis hominibusque infestus, neque vigiliis neque quietibus sedari poterat: ita conscientia mentem excitam vastabat. igitur colos ei exsanguis, foedi oculi, citus modo, modo tardus incessus; prorsus in facie voltuque vecordia inerat.

16. Sed iuventutem, quam, ut supra diximus, illexerat, multis modis mala facinora edocebat. ex illis testis signatoresque

Nächsten und seine vertrauten Freunde. Wenn aber auch einmal einer, ohne von Schuld beladen zu sein, unter seine Freunde geraten war, so wurde er durch den täglichen Verkehr und seine Verführungen gar leicht gleich und den übrigen ähnlich. Am meisten indes suchte er enge Freundschaft mit jungen Leuten; deren noch weichen und ungefestigten Charakter konnte man ohne Schwierigkeiten mit List umstricken. Denn wie die Leidenschaft eines jeden dem Alter entsprechend entbrannt war, so gab er den einen Dirnen, anderen kaufte er Hunde und Pferde; schließlich sparte er überhaupt nicht mit Aufwand und seinem Ansehen, wenn er sich nur jene verpflichtete und treu ergeben machte. Ich weiß, es gab welche, die so urteilten, daß die Jugend, die im Haus Catilinas verkehrte, es mit ihrer Keuschheit nicht so genau genommen hätte; aber dies Gerücht hielt sich mehr aus anderen Gründen, als daß es jemand in sichere Erfahrung gebracht hätte.

15. Schon gleich in früher Jugend hatte Catilina viele ruchlose Verhältnisse gehabt, mit einem Mädchen von Adel, mit einer Priesterin der Vesta, andere dieser Art wider menschliches und göttliches Recht. Zuletzt wurde er von Liebe zu Aurelia Orestilla erfaßt, an der kein anständiger Mensch je außer ihrer Schönheit etwas Lobenswertes fand; weil diese aus Furcht vor einem Stiefsohn in schon erwachsenem Alter Bedenken trug, ihn zu heiraten, hat er – das glaubt man allgemein als sicher – durch die Ermordung dieses Sohnes das Haus für diese ruchlose Ehe frei gemacht. Diese Sache nun scheint mir insbesondere der Grund gewesen zu sein, die Untat zu beschleunigen. Denn sein sündiges Herz, Göttern und Menschen feind, konnte weder im Wachen noch beim Ruhen Frieden finden: so zerstörte sein Gewissen seinen aufgebrachten Sinn. So war seine Farbe blutleer, die Augen scheußlich entstellt, hastig bald, bald schleppend sein Schritt, kurz: in Aussehen und Ausdruck saß der Wahnsinn.

16. Indes, die Jugend, die er, wie oben ausgeführt, verlockt hatte, lehrte er auf mannigfache Weise schlimme Taten. Aus

falsos commodare; fidem fortunas pericula vilia habere; post, ubi eorum famam atque pudorem attriverat, maiora alia imperabat. si causa peccandi in praesens minus suppetebat, nihilo minus insontis sicuti sontis circumvenire iugulare: scilicet ne per otium torpescerent manus aut animus, gratuito potius malus atque crudelis erat.

His amicis sociisque confisus Catilina, simul quod aes alienum per omnis terras ingens erat et quod plerique Sullani milites, largius suo usi, rapinarum et victoriae veteris memores civile bellum exoptabant, opprimundae rei publicae consilium cepit. in Italia nullus exercitus, Cn. Pompeius in extremis terris bellum gerebat; ipsi consulatum petenti magna spes, senatus nihil sane intentus: tutae tranquillaeque res omnes, sed ea prorsus opportuna Catilinae.

17. Igitur circiter Kalendas Iunias L. Caesare et C. Figulo consulibus primo singulos appellare: hortari alios, alios temptare; opes suas, imparatam rem publicam, magna praemia coniurationis docere. ubi satis explorata sunt, quae voluit, in unum omnis convocat, quibus maxuma necessitudo et plurumum audaciae inerat. eo convenere senatorii ordinis P. Lentulus Sura, P. Autronius, L. Cassius Longinus, C. Cethegus, P. et Ser. Sullae Ser. filii, L. Vargunteius, Q. Annius, M. Porcius Laeca, L. Bestia, Q. Curius; praeterea ex equestri ordine M. Fulvius Nobilior, L. Statilius, P. Gabinius Capito, C. Cornelius; ad hoc multi ex coloniis

ihren Reihen stellte er falsche Zeugen und Urkundenfälscher; Treue, Vermögen, Gefahren hieß er für unwichtig halten; danach, wenn er ihren Ruf und ihre Anständigkeit zerrüttet, befahl er anderes Größeres. Wenn ein Grund für ein Vergehen augenblicklich nicht recht zur Verfügung stand, brachte er um nichts weniger Unschuldige als Schuldige zu Fall und ging ihnen an den Hals; ganz natürlich: auf daß Hände und Herz infolge der Untätigkeit nicht erstarrten, war er lieber um nichts und wieder nichts böse und grausam.

Im Vertrauen auf diese Freunde und diesen Anhang, zugleich weil seine Schulden über alle Länder hin ungeheuer waren und die meisten der sullanischen Soldaten, nachdem sie allzu verschwenderisch das Ihre verbraucht hatten, in Erinnerung an ihre Räubereien und ihren alten Sieg einen Bürgerkrieg wünschten, faßte Catilina den Plan, den Staat in seine Gewalt zu bringen. In Italien war kein Heer, Gnaeus Pompeius führte am Ende der Welt Krieg, er selbst hatte bei seiner Bewerbung ums Konsulat große Hoffnung, der Senat war wirklich alles andere als auf dem Posten: sicher und ruhig war die ganze Lage. Aber das war Catilina gerade günstig.

17. Also wendet er sich ungefähr um den 1. Juni herum unter dem Konsulat des Lucius Caesar und des Gaius Figulus zuerst an einzelne; ermutigt die einen, die anderen prüft er; er weist auf seine Macht hin, darauf daß der Staat unvorbereitet ist, auf die großen Gewinne einer Verschwörung. Sobald er zur Genüge erforscht hatte, was er wollte, ruft er an einem Ort alle zusammen, deren Notlage am drückendsten war und die die meiste Kühnheit besaßen. Dort trafen sich vom Senatorenstand Publius Lentulus Sura, Publius Autronius, Lucius Cassius Longinus, Gaius Cethegus, Publius und Servius Sulla, die Söhne des Servius, Lucius Vargunteius, Quintus Annius, Marcus Porcius Laeca, Lucius Bestia, Quintus Curius; zudem aus dem Ritterstande Marcus Fulvius Nobilior, Lucius Statilius, Publius Gabinius Capito, Gaius Cornelius; hierzu viele aus den Kolonien und den

et municipiis domi nobiles. erant praeterea complures paulo occultius consili huiusce participes nobiles, quos magis dominationis spes hortabatur quam inopia aut alia necessitudo. ceterum iuventus pleraque, sed maxume nobilium, Catilinae inceptis favebat; quibus in otio vel magnifice vel molliter vivere copia erat, incerta pro certis, bellum quam pacem malebant. fuere item ea tempestate qui crederent M. Licinium Crassum non ignarum eius consili fuisse; quia Cn. Pompeius, invisus ipsi, magnum exercitum ductabat, quoiusvis opes voluisse contra illius potentiam crescere, simul confisum, si coniuratio valuisset, facile apud illos principem se fore.

18. Sed antea item coniuravere pauci contra rem publicam, in quibus Catilina fuit. de qua, quam verissume potero, dicam. L. Tullo et M.' Lepido consulibus P. Autronius et P. Sulla, designati consules, legibus ambitus interrogati poenas dederant. post paulo Catilina, pecuniarum repetundarum reus, prohibitus erat consulatum petere, quod intra legitumos dies profiteri nequiverat. erat eodem tempore Cn. Piso, adulescens nobilis, summae audaciae, egens, factiosus, quem ad perturbandam rem publicam inopia atque mali mores stimulabant. cum hoc Catilina et Autronius circiter Nonas Decembris consilio communicato parabant in Capitolio Kalendis Ianuariis L. Cottam et L. Torquatum consules interficere, ipsi fascibus correptis Pisonem cum exercitu ad obtinendas duas Hispanias mittere. ea re cognita rursus in Nonas Februarias consilium caedis transtulerant. iam tum non consulibus modo, sed plerisque senatoribus

Landstädten, die daheim zum Adel gehörten. Es hatten daran Männer aus der Nobilität – etwas im Hintergrunde – Anteil, die mehr die Hoffnung auf eine Gewaltherrschaft reizte als Not oder eine andere Zwangslage. Übrigens war der größte Teil der Jugend, aber besonders die des Adels, dem Beginnen Catilinas gewogen; Leute, die reiche Möglichkeiten hatten, in Ruhe prunkvoll oder gemütlich zu leben, wollten lieber statt Sicherem Ungewisses, lieber Krieg als Frieden. Es gab damals ebenso Leute, die glaubten, Marcus Licinius Crassus habe wohl von diesem Komplott gewußt; weil Gnaeus Pompeius, ihm persönlich verhaßt, an der Spitze eines großen Heeres stand, habe er gewollt, daß die Mittel gleichgültig wessen gegen seine Macht anwüchsen, zugleich im Vertrauen, wenn die Verschwörung sich durchsetze, werde er leicht bei ihnen die Führerstellung bekommen.

18. Indes waren schon vorher einige wenige ebenso eine Verschwörung gegen den Staat eingegangen, unter ihnen Catilina. Über diese will ich berichten, so wahrhaft wie ich kann. Unter dem Konsulat des Lucius Tullus und Manius Lepidus waren die fürs nächste Jahr bestimmten Konsuln Publius Autronius und Publius Sulla wegen Wahlbetrugs vor Gericht belangt und bestraft worden. Wenig später wurde Catilina wegen Erpressungen angeklagt und war gehindert worden, sich um das Konsulat zu bewerben, weil er innerhalb der gesetzlichen Frist sich nicht hatte melden können. Es gab da zu eben der Zeit einen Gnaeus Piso, einen jungen Mann aus dem Adel, von höchster Verwegenheit, mittellos, einen Intriganten, dem die Not und ein übler Charakter Antrieb waren, den Staat in Unordnung zu bringen. Diesem teilten Catilina und Autronius um den 5. Dezember den Plan mit und bereiteten eine Ermordung der Konsuln Lucius Cotta und Lucius Torquatus am 1. Januar auf dem Kapitol vor. Selbst wollten sie die Rutenbündel an sich reißen und Piso mit einem Heere zur Besetzung der beiden Spanien entsenden. Als das bekannt wurde, verschoben sie den Plan der Ermordung wieder auf den 5. Februar. Schon sannen sie damals nicht nur den Konsul, sondern

perniciem machinabantur. quod ni Catilina maturasset pro curia signum sociis dare, eo die post conditam urbem Romam pessumum facinus patratum foret. quia nondum frequentes armati convenerant, ea res consilium diremit.
19. postea Piso in citeriorem Hispaniam quaestor pro praetore missus est adnitente Crasso, quod eum infestum inimicum Cn. Pompeio cognoverat. neque tamen senatus provinciam invitus dederat, quippe foedum hominem a re publica procul esse volebat, simul quia boni complures praesidium in eo putabant et iam tum potentia Pompei formidulosa erat. sed is Piso in provincia ab equitibus Hispanis, quos in exercitu ductabat, iter faciens occisus est. sunt qui ita dicant imperia eius iniusta superba crudelia barbaros nequivisse pati; alii autem equites illos, Cn. Pompei veteres fidosque clientis, voluntate eius Pisonem aggressos; numquam Hispanos praeterea tale facinus fecisse; sed imperia saeva multa antea perpessos. nos eam rem in medio relinquemus. de superiore coniuratione satis dictum.
20. Catilina ubi eos, quos paulo ante memoravi, convenisse videt, tametsi cum singulis multa saepe egerat, tamen in rem fore credens univorsos appellare et cohortari, in abditam partem aedium secedit atque ibi omnibus arbitris procul amotis orationem huiusce modi habuit:

»Ni virtus fidesque vostra spectata mihi forent, nequiquam opportuna res cecidisset; spes magna, dominatio in manibus frustra fuissent, neque ego per ignaviam aut vana inge-

auch den meisten Senatoren Verderben. Wenn aber Catilina sich nicht zu sehr beeilt hätte, vor dem Rathaus seinem Anhang das Zeichen zu geben, so wäre an diesem Tage die größte Untat seit Gründung der Stadt begangen worden. Weil die Bewaffneten noch nicht in großer Zahl zusammengekommen waren, so vereitelte dieser Umstand den Plan.
19. Danach wurde Piso in das diesseitige Spanien als Quästor in der Stellung eines Prätors geschickt auf Betreiben des Crassus, weil er ihn als einen erbitterten Gegner des Gnaeus Pompeius kennengelernt hatte. Doch hatte ihm der Senat die Provinz nicht widerwillig gegeben; wollte er doch, daß dieser üble Mensch weit weg vom Gemeinwesen sei, zugleich sahen ja auch mehrere Gutgesinnte einen Schutz in ihm und war ja auch schon damals die Macht des Pompeius schreckenerregend. Aber dieser Piso ist in der Provinz von spanischen Reitern, die er im Heer unter seinem Befehl hatte, während des Marsches getötet worden. Manche sagen so: die Fremden hätten seine ungerechten, überheblichen, grausamen Befehle nicht ertragen können; andere hinwiederum, jene Reiter, alte und treue Gefolgschaftsleute des Gnaeus Pompeius, hätten mit seinem Willen Piso angegriffen; niemals hätten die Spanier sonst noch eine solche Untat begangen, aber grausame Herrschaft hätten sie vielfach vordem erduldet. Wir lassen diese Sache auf sich beruhen. Über die frühere Verschwörung ist damit genug gesagt.
20. Sowie Catilina sah, daß die, welche ich eben vorher erwähnte, zusammengekommen waren, glaubte er, wenn er auch mit ihnen einzeln vieles oft verhandelt hatte, es werde doch zuträglich sein, sie insgesamt anzureden und zu begeistern, zieht sich in einen abgelegenen Teil des Gebäudes zurück und hielt dort, nachdem alle Zeugen weit entfernt worden waren, eine Rede folgender Art:
»Wären eure Tüchtigkeit und Verläßlichkeit mir nicht erprobt, wäre umsonst eine so günstige Gelegenheit gekommen. Eine große Hoffnung, die Macht fast schon greifbar nahe, alles wäre vergebens gewesen. Und auch ich würde

nia incerta pro certis captarem. sed quia multis et magnis tempestatibus vos cognovi fortis fidosque mihi, eo animus ausus est maxumum atque pulcherrumum facinus incipere, simul quia vobis eadem quae mihi bona malaque esse intellexi. nam idem velle atque idem nolle, ea demum firma amicitia est. Sed ego quae mente agitavi, omnes iam antea divorsi audistis. ceterum mihi in dies magis animus accenditur, quom considero, quae condicio vitae futura sit, nisi nosmet ipsi vindicamus in libertatem. nam postquam res publica in paucorum potentium ius atque dicionem concessit, semper illis reges tetrarchae vectigales esse, populi nationes stipendia pendere; ceteri omnes, strenui boni, nobiles atque ignobiles, volgus fuimus sine gratia, sine auctoritate, iis obnoxii, quibus, si res publica valeret, formidini essemus. itaque omnis gratia potentia honos divitiae apud illos sunt aut ubi illi volunt; nobis reliquere pericula repulsas iudicia egestatem. quae quo usque tandem patiemini, o fortissumi viri? nonne emori per virtutem praestat quam vitam miseram atque inhonestam, ubi alienae superbiae ludibrio fueris, per dedecus amittere?

Verum enim vero, pro deum atque hominum fidem, victoria in manu nobis est, viget aetas, animus valet; contra illis annis atque divitiis omnia consenuerunt. tantummodo incepto opus est, cetera res expediet. etenim quis mortalium, quoi virile ingenium est, tolerare potest illis divitias superare, quas profundant in exstruendo mari et montibus coaequandis, nobis rem familiarem etiam ad necessaria deesse? illos binas aut amplius domos continuare, nobis larem familiarem nusquam ullum esse? quom tabulas signa toreumata emunt,

nicht mit Feigheit und Hohlköpfen nach Unsicherem statt Sicherem greifen. Weil ich euch aber in vielen großen Augenblicken als tapfer und mir treu erfunden habe, deshalb hat mein Herz es gewagt, die größte und schönste Tat in Angriff zu nehmen; zugleich weil ich sah, daß für euch genau dasselbe Heil und Unheil bedeutet wie für mich; denn dasselbe wollen und dasselbe nicht wollen, das erst ist feste Freundschaft. Indes, was ich in meinem Sinne gedacht habe, habt ihr alle schon vordem getrennt gehört. Im übrigen erhitzt sich mein Gemüt von Tag zu Tag mehr, wenn ich bedenke, unter welchen Bedingungen wir leben werden, wenn wir uns nicht selbst freimachen. Denn seit der Staat unter das Recht und die Botmäßigkeit einiger weniger Mächtiger gekommen ist, sind Könige und Fürsten immer jenen Leuten abgabenpflichtig; ihnen zahlen Völker und Stämme Steuern; wir übrigen alle, wackere, tüchtige, adlige und nicht adlige, wir sind bis jetzt Masse gewesen, ohne Einfluß, ohne Ansehen, denen ausgeliefert, denen wir, könnte man noch von einem Gemeinwesen sprechen, ein Schrecken wären. Daher ist aller Einfluß, alle Macht, alle Ehre, aller Reichtum bei jenen oder dort, wo jene wollen; uns ließen sie die Gefahren, Abweisungen, Prozesse, Armut. Wie lange wollt ihr denn das mit ansehen, ihr Helden? Ist es nicht besser, tapfer zu sterben, als ein elendes und schändliches Leben, wenn du ein Spielball fremden Übermutes geworden bist, schmachvoll zu verlieren?

Aber, bei allem worauf Verlaß unter Göttern und Menschen, der Sieg ist ja in unserer Hand, jugendkräftig unser Alter, stark der Geist; hingegen ist bei jenen durch die Jahre und den Reichtum alles vergreist. Nur anfangen muß man, alles andere läuft von selbst. Denn wer unter den Menschen, der einen männlichen Sinn hat, kann es ertragen, daß diese Leute Reichtümer in Fülle haben, derart daß sie sie verschwenden, das Meer auszufüllen und die Berge einzuebnen, uns aber das Vermögen auch zum Nötigsten fehlt? Daß sie zwei und mehr Paläste aneinanderbauen, wir nirgends auch nur ein Dach über dem Kopfe haben? Wenn sie Gemälde,

nova diruunt, alia aedificant, postremo omnibus modis pecuniam trahunt vexant, tamen summa lubidine divitias suas vincere nequeunt. at nobis est domi inopia, foris aes alienum, mala res, spes multo asperior: denique quid reliqui habemus praeter miseram animam? Quin igitur expergiscimini? en illa, illa, quam saepe optastis, libertas, praeterea divitiae decus gloria in oculis sita sunt; fortuna omnia ea victoribus praemia posuit. res tempus pericula egestas belli spolia magnifica magis quam oratio mea vos hortantur. vel imperatore vel milite me utimini: neque animus neque corpus a vobis aberit. haec ipsa, ut spero, vobiscum una consul agam, nisi forte me animus fallit et vos servire magis quam imperare parati estis.«

21. Postquam accepere ea homines, quibus mala abunde omnia erant, sed neque res neque spes bona ulla, tametsi illis quieta movere magna merces videbatur, tamen postulavere plerique, ut proponeret, quae condicio belli foret, quae praemia armis peterent, quid ubique opis aut spei haberent. tum Catilina polliceri tabulas novas, proscriptionem locupletium, magistratus, sacerdotia, rapinas, alia omnia, quae bellum atque lubido victorum fert; praeterea esse in Hispania citeriore Pisonem, in Mauretania cum exercitu P. Sittium Nucerinum, consili sui participes; petere consulatum C. Antonium, quem sibi collegam fore speraret, hominem et familiarem et omnibus necessitudinibus circumventum; cum eo se consulem initium agundi facturum. ad hoc maledictis increpabat omnis bonos, suorum unumquemque nominans laudare: admonebat alium egestatis, alium cupi-

Statuen, getriebene Arbeiten kaufen, Neubauten einreißen, anderes bauen, schließlich überhaupt auf jegliche Weise mit ihrem Gelde wüsten, es verschleudern, können sie dennoch nicht, auch nicht bei letzter Befriedigung aller Gelüste, ihres Reichtums Herr werden. Dagegen haben wir zu Hause Mangel, draußen Schulden; schlimm ist die Lage, die Aussichten noch viel trüber. Kurz, was haben wir denn noch außer dem elenden Leben? Warum also erwacht ihr nicht? Da ist sie, sie, die ihr oft gewünscht, die Freiheit, außerdem Reichtum, Ansehen, Ruhm, sie liegen vor Augen. Die Glücksgöttin hat das alles den Siegern als Preis ausgesetzt. Die Lage, der Zeitpunkt, die Gefahren, die Not, die großartige Beute des Krieges feuern euch mehr an als meine Rede. Braucht mich als Führer oder als Gemeinen: weder mein Geist noch mein Körper wird euch fehlen. Eben dies, wie ich hoffe, werde ich zusammen mit euch als Konsul betreiben, es müßte denn sein, daß mich mein Sinn täuscht und ihr lieber Knechte zu sein als zu herrschen bereit seid.«

21. Nachdem das die Männer vernommen hatten, die alles Übel im Überfluß besaßen, aber nichts Gutes noch eine gute Aussicht, forderten, wenn es ihnen auch schon ein großer Gewinn schien, den Ruhezustand in Bewegung zu bringen, doch die meisten, er solle darlegen, wie die Bedingungen des Krieges seien, was sie für Lohn mit ihren Waffen errängen, was sie überall an Hilfe oder Hoffnung besäßen. Da versprach Catilina Schuldentilgung, Enteignung der Besitzenden, Posten, Priesterämter, Plündern, alles andere noch, was der Krieg und die Willkür der Sieger mit sich bringt; außerdem seien im diesseitigen Spanien Piso, in Mauretanien mit einem Heer Publius Sittius aus Nuceria, die an seinem Plane teilnähmen; ums Konsulat bewerbe sich Gaius Antonius, sein zukünftiger Kollege, wie er hoffe, sein Freund und durch alle Nöte bedrängt; mit dem hoffe er als Konsul den Beginn des Handelns zu geben. Zudem fuhr er mit Schmähungen gegen alle Anständigen los, von den Seinen rühmte er einen jeden, ihn mit Namen nennend. Er erinnerte den einen an seine Armut, den andern an seine Leidenschaft,

ditatis suae, compluris periculi aut ignominiae, multos victoriae Sullanae, quibus ea praedae fuerat. postquam omnium animos alacris videt, cohortatus, ut petitionem suam curae haberent, conventum dimisit.

22. Fuere ea tempestate, qui dicerent Catilinam oratione habita, quom ad iusiurandum popularis sceleris sui adigeret, humani corporis sanguinem vino permixtum in pateris circumtulisse; inde quom post exsecrationem omnes degustavissent, sicuti in sollemnibus sacris fieri consuevit, aperuisse consilium suom, atque eo [dictitare] ita fecisse, quo inter se fidi magis forent alius alii tanti facinoris conscii. nonnulli ficta et haec et multa praeterea existumabant ab iis, qui Ciceronis invidiam, quae postea orta est, leniri credebant atrocitate sceleris eorum, qui poenas dederant. nobis ea res pro magnitudine parum comperta est.

23. Sed in ea coniuratione fuit Q. Curius, natus haud obscuro loco, flagitiis atque facinoribus coopertus, quem censores senatu probri gratia moverant. huic homini non minor vanitas inerat quam audacia: neque reticere, quae audierat, neque suamet ipse scelera occultare, prorsus neque dicere neque facere quicquam pensi habebat. erat ei cum Fulvia, muliere nobili, stupri vetus consuetudo; quoi cum minus gratus esset, quia inopia minus largiri poterat, repente glorians maria montisque polliceri coepit et minari interdum ferro, ni sibi obnoxia foret, postremo ferocius agitare quam solitus erat. at Fulvia, insolentia⟨e⟩ Curi causa cognita, tale periculum rei publicae haud occultum habuit, sed sublato auctore de Catilinae coniuratione, quae quoque modo audierat, compluribus narravit.

mehrere an ihre Gefahr oder Schande, viele an Sullas Sieg, wem er Beute gebracht hatte. Dann, als er aller Sinn erregt sah, mahnte er sie noch, sie sollten sich seine Bewerbung angelegen sein lassen, und entließ die Versammlung.

22. Es gab dazumal Leute, die sagten, Catilina habe nach der Rede, als er die Genossen seines Verbrechens zum Schwur trieb, Menschenblut mit Wein vermischt in Schalen umhergetragen. Danach, als alle nach der Verfluchung davon getrunken hätten, wie es bei feierlichem Opfer zu geschehen pflegt, habe er seinen Plan enthüllt, und er habe das deshalb so gemacht, daß sie um so treuer untereinander wären, wenn der eine des anderen Mitwisser bei einem so schweren Verbrechen wäre. Manche meinten, dies wie vieles außerdem sei von denen erfunden worden, die glaubten, der Haß gegen Cicero, der nachmals entstand, werde gemildert durch die Gräßlichkeit des Verbrechens derjenigen, die bestraft worden waren. Für uns ist die Sache bei ihrer Bedeutung zu wenig erwiesen.

23. Allein, bei dieser Verschwörung befand sich auch Quintus Curius, ein Mann von nicht geringer Herkunft, mit Schandtaten und Verbrechen beladen, den die Zensoren wegen seines schändlichen Lebenswandels aus dem Senat gestoßen hatten. Dieser Mensch besaß ebensoviel Leichtsinn wie Verwegenheit. Er machte sich nichts daraus, weder etwas zu verschweigen, was er gehört hatte, noch seine eigenen Verbrechen zu verheimlichen, kurz: weder etwas zu sagen noch zu tun. Er hatte mit Fulvia, einer Frau aus dem Adel, ein altes ehebrecherisches Verhältnis. Als er ihr minder genehm war, weil er seiner Armut wegen weniger reichlich schenken konnte, begann er plötzlich, sich zu brüsten, Meere und Berge zu versprechen und ab und an mit dem Schwert zu drohen, wenn sie ihm nicht willfährig sei, schließlich sich wilder zu gebärden als gewöhnlich. Fulvia aber hielt, als sie den Grund für des Curius ungewöhnliches Betragen erfahren hatte, diese so große Gefahr für den Staat nicht verborgen, sondern erzählte ohne Namensnennung mehreren von der Verschwörung Catilinas, was und wie sie es gehört hatte.

Ea res in primis studia hominum accendit ad consulatum mandandum M. Tullio Ciceroni. namque antea pleraque nobilitas invidia aestuabat, et quasi pollui consulatum credebant, si eum quamvis egregius homo novos adeptus foret. sed ubi periculum advenit, invidia atque superbia post fuere.

24. Igitur comitiis habitis consules declarantur M. Tullius et C. Antonius. quod factum primo popularis coniurationis concusserat; neque tamen Catilinae furor minuebatur, sed in dies plura agitare: arma per Italiam locis opportunis parare, pecuniam sua aut amicorum fide sumptam mutuam Faesulas ad Manlium quendam portare, qui postea princeps fuit belli faciundi. ea tempestate plurumos quoiusque generis homines adscivisse sibi dicitur, mulieres etiam aliquot, quae primo ingentis sumptus stupro corporis toleraverant, post ubi aetas tantummodo quaestui neque luxuriae modum fecerat, aes alienum grande conflaverant. per eas se Catilina credebat posse servitia urbana sollicitare, urbem incendere, viros earum vel adiungere sibi vel interficere.

25. Sed in iis erat Sempronia, quae multa saepe virilis audaciae facinora commiserat. haec mulier genere atque forma, praeterea viro liberis satis fortunata fuit; litteris Graecis Latinis docta, psallere [et] saltare elegantius quam necesse est probae, multa alia, quae instrumenta luxuriae sunt. sed ei cariora semper omnia quam decus atque pudicitia fuit; pecuniae an famae minus parceret, haud facile discerneres; lubido sic accensa, ut saepius peteret viros quam peteretur. sed ea saepe antehac fidem prodiderat, creditum abiuraverat, caedis conscia fuerat: luxuria atque

Dieser Umstand insbesondere verstärkte die Neigung der Menschen, das Konsulat dem Marcus Tullius Cicero zu übertragen. Denn vordem kochte der größte Teil des Adels vor Neid, und sie glaubten, das Konsulat werde gleichsam besudelt, wenn es ein »neuer Mann«, mochte er noch so hervorragend sein, erhalte. Als aber die Gefahr kam, da standen Neid und Überhebung hintenan.

24. So werden am Wahltag zu Konsuln erklärt Marcus Tullius und Gaius Antonius. Diese Tatsache hatte zuerst die Genossen der Verschwörung erschüttert. Dennoch wurde dadurch Catilinas Wüten nicht gemindert, sondern er war von Tag zu Tag nur noch rastloser tätig: er bereitete Waffen an geeigneten Plätzen in ganz Italien vor, Geld, das er auf seinen oder seiner Freunde Namen geborgt hatte, brachte er nach Faesulae zu einem gewissen Manlius, der nachmals zuerst den Krieg begann. Damals soll er sich sehr viele Menschen aller Art verbunden haben, auch ziemlich viel Frauen, die zunächst ihre ungeheuren Aufwendungen durch Preisgabe ihres Körpers bestritten, darauf, als ihr Alter nur ihrem Erwerb, aber nicht ihrer Verschwendung ein Ende setzte, eine gewaltige Schuldenmasse zusammengebracht hatten. Durch sie glaubte Catilina die hauptstädtischen Sklavenmassen aufwiegeln, die Stadt anzünden, ihre Männer auf seine Seite ziehen oder umbringen zu können.

25. Unter ihnen aber befand sich Sempronia, die gar manche Untat von männlicher Verwegenheit begangen hatte. Diese Frau war in Herkunft und Schönheit, dazu in Mann und Kindern recht vom Glück begünstigt, war in griechischer und lateinischer Bildung unterrichtet, spielte Zither, tanzte besser, als es für eine anständige Frau nötig ist, besaß vieles noch, was Mittel des Wohllebens sind. Ihr aber war immer alles andere wertvoller als ihr Ansehen und ihre Keuschheit; ob sie ihr Geld oder ihren Ruf weniger schonte, hätte man nicht leicht entscheiden können; ihre Sinnlichkeit war so entzündet, daß sie häufiger selber die Männer aufsuchte als aufgesucht wurde. Sie hatte vordem zu vielen Malen ihr Wort gebrochen, Schulden abgeschworen, von Mord gewußt

inopia praeceps abierat. verum ingenium eius haud absurdum: posse versus facere, iocum movere, sermone uti vel modesto vel molli vel procaci; prorsus multae facetiae multusque lepos inerat.

26. His rebus comparatis Catilina nihilo minus in proxumum annum consulatum petebat, sperans, si designatus foret, facile se ex voluntate Antonio usurum. neque interea quietus erat, sed omnibus modis insidias parabat Ciceroni. neque illi tamen ad cavendum dolus aut astutiae deerant. namque a principio consulatus sui multa pollicendo per Fulviam effecerat, ut Q. Curius, de quo paulo ante memoravi, consilia Catilinae sibi proderet; ad hoc collegam suom Antonium pactione provinciae perpulerat, ne contra rem publicam sentiret; circum se praesidia amicorum atque clientium occulte habebat. postquam dies comitiorum venit et Catilinae neque petitio neque insidiae, quas consulibus in campo fecerat, prospere cessere, constituit bellum facere et extrema omnia experiri, quoniam, quae occulte temptaverat, aspera foedaque evenerant.

27. Igitur C. Manlium Faesulas atque in eam partem Etruriae, Septimium quendam Camertem in agrum Picenum, C. Iulium in Apuliam dimisit, praeterea alium alio, quem ubique opportunum sibi fore credebat.

Interea Romae multa simul moliri: consulibus insidias tendere, parare incendia, opportuna loca armatis hominibus obsidere; ipse cum telo esse, item alios iubere, hortari, uti semper intenti paratique essent; dies noctisque festinare, vigilare, neque insomniis neque labore fatigari. postremo,

und war durch Verschwendung und Mittellosigkeit in den Abgrund geraten. Aber ihre Gaben waren nicht verkehrt: sie konnte Verse machen, scherzen, sich bald zurückhaltend, bald sanft, bald frech unterhalten; kurz: sie besaß viel Witz und viel Anmut.

26. Ungeachtet dieser Vorbereitungen bewarb sich Catilina trotzdem für das nächste Jahr ums Konsulat, in der Hoffnung, wenn er fürs nächste Jahr bestimmt sei, werde er Antonius leicht nach seinem Willen lenken. Aber auch unterdes war er nicht untätig, sondern stellte Cicero auf jegliche Weise Fallen. Doch auch dem fehlten nicht List und Schlauheit, um auf der Hut zu sein. Denn vom Beginn seines Konsulates an hatte er es durch viele Versprechungen mit Hilfe der Fulvia erreicht, daß Quintus Curius, von dem ich wenig vorher gesprochen, ihm die Pläne Catilinas verriet. Zudem hatte er seinen Kollegen Antonius durch Zugeständnisse in Fragen der Provinzverteilung dazu gebracht, daß er nichts gegen das Gemeinwesen aussinne. Um sich hatte er heimlich Schutzwachen aus Freunden und Abhängigen. Nachdem der Wahltag gekommen war und Catilina weder mit seiner Bewerbung noch mit den Anschlägen, die er gegen die Konsuln auf dem Marsfelde unternommen hatte, Erfolg gehabt hatte, beschloß er, zum Kriege zu schreiten und alles, auch das letzte Mittel, zu erproben, zumal, was er heimlich versucht hatte, erfolglos und schmählich verlaufen war.

27. Demnach schickte er den Gaius Manlius nach Faesulae und dem entsprechenden Teil Etruriens, einen gewissen Septimius aus Camerinum ins Picenerland, Gaius Julius nach Apulien, außerdem andere nach anderen Gegenden, wie er glaubte, daß sie ihm an der jeweiligen Stelle von Nutzen sein könnten.

Unterdes betreibt er in Rom vieles zu gleicher Zeit: den Konsuln legte er Fallen, bereitete Brandstiftungen vor, besetzte günstige Stellen mit bewaffneten Männern; er selbst trägt die Waffe, heißt es ebenso andere tun, mahnt sie, sie sollten immer in Spannung und Bereitschaft sein. Tag und Nacht ist er rastlos tätig, wacht, läßt sich durch Schlaflosig-

ubi multa agitanti nihil procedit, rursus intempesta nocte coniurationis principes convocat per M. Porcium Laecam, ibique multa de ignavia eorum questus docet se Manlium praemisisse ad eam multitudinem, quam ad capiunda arma paraverat, item alios in alia loca opportuna, qui initium belli facerent, seque ad exercitum proficisci cupere, si prius Ciceronem oppressisset: eum suis consiliis multum officere. 28. igitur perterritis ac dubitantibus ceteris C. Cornelius eques Romanus operam suam pollicitus et cum eo L. Vargunteius senator constituere ea nocte paulo post cum armatis hominibus sicuti salutatum introire ad Ciceronem ac de improviso domi suae imparatum confodere. Curius ubi intellegit, quantum periculum consuli impendeat, propere per Fulviam Ciceroni dolum, qui parabatur, enuntiat. ita illi ianua prohibiti tantum facinus frustra susceperant.

Interea Manlius in Etruria plebem sollicitare, egestate simul ac dolore iniuriae novarum rerum cupidam, quod Sullae dominatione agros bonaque omnia amiserat, praeterea latrones quoiusque generis, quorum in ea regione magna copia erat, nonnullos ex Sullanis coloniis, quibus lubido atque luxuria ex magnis rapinis nihil reliqui fecerant.

29. Ea cum Ciceroni nuntiarentur, ancipiti malo permotus, quod neque urbem ab insidiis privato consilio longius tueri poterat neque, exercitus Manli quantus aut quo consilio foret, satis compertum habebat, rem ad senatum refert, iam antea volgi rumoribus exagitatam. itaque, quod plerumque in atroci negotio solet, senatus decrevit, darent operam consules, ne quid res publica detrimenti caperet. ea potestas

keit und Strapazen nicht ermatten. Zuletzt, als ihm trotz vielem Geschäftigsein nichts vorangeht, ruft er wiederum in tiefster Nacht die Führer der Verschwörung durch Marcus Porcius Laeca zusammen, und nachdem er dort lange Klagen über ihre Energielosigkeit geführt, verkündet er, daß er Manlius zu der Menge vorausgeschickt habe, die er für die Waffenergreifung vorbereitet hatte, desgleichen andere an andere Orte, die den Beginn des Krieges einleiten sollten, und daß er zum Heere aufzubrechen wünsche, wenn er zuvor Cicero überwältigt habe: der tue seinen Plänen gewaltigen Abbruch. 28. Da versprach, während die übrigen erschrocken zaudern, der römische Ritter Gaius Cornelius seine Hilfe und mit ihm zusammen der Senator Lucius Vargunteius, und sie beschlossen, in derselben Nacht wenig später mit bewaffneten Leuten, wie um die Aufwartung zu machen, bei Cicero einzutreten und den Ahnungslosen unversehens im eigenen Hause zu durchbohren. Als Curius merkte, welch große Gefahr dem Konsul drohe, läßt er eilends durch Fulvia Cicero den heimtückischen Anschlag, der vorbereitet wurde, melden. So wurden jene schon nicht an die Tür gelassen und hatten ein so ungeheueres Verbrechen vergeblich auf sich genommen.

Unterdes wiegelte Manlius in Etrurien die Massen auf, die aus Armut zugleich und Schmerz über ihr erlittenes Unrecht auf Umsturz begierig waren, weil sie unter der Gewaltherrschaft Sullas ihre Äcker und allen Besitz verloren hatten, außerdem Banditen jeder Art, deren es in dieser Gegend eine große Fülle gab, dazu manche aus Sullas Kolonien, denen Üppigkeit und Verschwendung von ihrem großen Raub nichts übriggelassen hatten.

29. Als das Cicero gemeldet wurde, war er ob des doppelten Unheils beunruhigt, weil er einesteils die Stadt vor Anschlägen nicht länger durch private Initiative schützen konnte, andrerseits nicht recht hatte in Erfahrung bringen können, wie groß das Heer des Manlius sei und welche Absichten es habe, und bringt die Sache vor den Senat, nachdem sie schon vorher im Gerede der Masse aufgeregt erörtert

per senatum more Romano magistratui maxuma permittitur: exercitum parare, bellum gerere, coercere omnibus modis socios atque civis, domi militiaeque imperium atque iudicium summum habere; aliter sine populi iussu nullius earum rerum consuli ius est.

30. Post paucos dies L. Saenius senator in senatu litteras recitavit, quas Faesulis allatas sibi dicebat, in quibus scriptum erat C. Manlium arma cepisse cum magna multitudine ante diem VI. Kalendas Novembris. simul, id quod in tali re solet, alii portenta atque prodigia nuntiabant, alii conventus fieri, arma portari, Capuae atque in Apulia servile bellum moveri. igitur senati decreto Q. Marcius Rex Faesulas, Q. Metellus Creticus in Apuliam circumque ea loca missi – hi utrique ad urbem imperatores erant, impediti, ne triumpharent calumnia paucorum, quibus omnia honesta atque inhonesta vendere mos erat –, sed praetores Q. Pompeius Rufus Capuam, Q. Metellus Celer in agrum Picenum, iisque permissum, uti pro tempore atque periculo exercitum compararent. ad hoc, si quis indicavisset de coniuratione, quae contra rem publicam facta erat, praemium servo libertatem et sestertia centum, libero impunitatem eius rei et sestertia ducenta [milia], itemque decrevere, uti gladiatoriae familiae Capuam et in cetera municipia distribuerentur pro quoiusque opibus, Romae per totam urbem vigiliae haberentur iisque minores magistratus praeessent.

worden war. So beschloß der Senat, was er meistens in furchtbarer Lage zu tun pflegt, die Konsuln möchten sich bemühen, daß der Staat keinen Schaden nehme. Diese Macht wird nach römischer Sitte durch den Senat einem Beamten als größte übertragen: ein Heer zu rüsten, Krieg zu führen, auf jegliche Weise Bundesgenossen und Bürger zum Gehorsam zu zwingen, daheim und im Felde die höchste Befehlsgewalt und das höchste Richteramt auszuüben: sonst hat ohne des Volkes Geheiß der Konsul kein Recht auf eine dieser Vollmachten.

30. Wenige Tage darauf las der Senator Lucius Saenius im Senat einen Brief vor, der ihm nach seinen Worten aus Faesulae gebracht war und in dem stand, Gaius Manlius habe mit einer großen Menge am 27. Oktober zu den Waffen gegriffen. Zugleich wußten die einen, wie es eben bei einer solchen Sache zu gehen pflegt, von Wundern und Vorzeichen zu berichten, andere, daß Versammlungen stattfänden, Waffen transportiert würden, in Capua und in Apulien ein Sklavenkrieg beabsichtigt sei. Auf Senatsbeschluß werden daher Quintus Marcius Rex nach Faesulae, Quintus Metellus Creticus nach Apulien und Umgebung geschickt – diese beiden standen als Feldherren vor der Stadt, gehindert, den Triumph zu begehen, durch die Ränke weniger Leute, die sich gewöhnt hatten, alles, Ehrenvolles und Schmachvolles, zu verhökern –, aber die Prätoren Quintus Pompeius Rufus nach Capua, Quintus Metellus Celer ins Picenerland. Und es wurde ihnen gestattet, ein Heer entsprechend der Lage und der Gefahr zu rüsten; dazu beschlossen sie, wenn einer eine Anzeige über die Verschwörung, die gegen das Gemeinwesen unternommen war, machen würde, eine Belohnung, für einen Unfreien die Freiheit und 100 000 Sestertien, für einen Freien Straflosigkeit davon und 200 000 Sestertien, und desgleichen, daß die Gladiatorenverbände nach Capua und in die übrigen Landstädte entsprechend der Macht einer jeden verteilt werden sollten, daß in Rom durch die ganze Stadt hin Wachen gehen und daß die niederen Beamten sie führen sollten.

31. Quis rebus permota civitas atque immutata urbis facies erat; ex summa laetitia atque lascivia, quae diuturna quies pepererat, repente omnis tristitia invasit: festinare, trepidare, neque loco neque homini quoiquam satis credere, neque bellum gerere neque pacem habere, suo quisque metu pericula metiri. ad hoc mulieres, quibus rei publicae magnitudine belli timor insolitus incesserat, afflictare sese, manus supplices ad caelum tendere, miserari parvos liberos, rogitare omnia, ⟨omni rumore⟩ pavere, ⟨arripere omnia⟩ superbia atque deliciis omissis, sibi patriaeque diffidere.

At Catilinae crudelis animus eadem illa movebat, tametsi praesidia parabantur et ipse lege Plautia interrogatus erat ab L. Paulo. postremo dissimulandi causa aut sui expurgandi, sicut iurgio lacessitus foret, in senatum venit. tum M. Tullius consul, sive praesentiam eius timens sive ira commotus, orationem habuit luculentam atque utilem rei publicae, quam postea scriptam edidit. sed ubi ille assedit, Catilina, ut erat paratus ad dissimulanda omnia, demisso voltu, voce supplici postulare a patribus coepit, ne quid de se temere crederent: ea familia ortum, ita se ab adulescentia vitam instituisse, ut omnia bona in spe haberet; ne existumarent sibi, patricio homini, quoius ipsius atque maiorum pluruma beneficia in plebem Romanam essent, perdita re publica opus esse, quom eam servaret M. Tullius, inquilinus civis urbis Romae. ad hoc maledicta alia quom adderet, obstrepere omnes, hostem atque parricidam vocare. tum ille furibundus

31. Durch diese Dinge wurden die Bürger sehr erregt und das Angesicht der Stadt änderte sich. Auf größte Lebensfreude und Ausgelassenheit, eine Wirkung der dauernden Ruhe, befiel alle plötzlich ein trübseliges Wesen: sie finden keine Ruhe, laufen ängstlich hin und her, haben zu keinem Ort und zu keinem Menschen ein rechtes Vertrauen, führen keinen Krieg und haben doch keinen Frieden, ein jeder bemißt die Gefahr nach seiner Angst; die Frauen, die eine infolge der Größe des Staates ungewohnte Kriegsfurcht befallen hatte, zerschlagen sich die Brust, strecken bittflehend die Hände zum Himmel empor, bejammern ihre kleinen Kinder, fragen nach allem, entsetzen sich bei jedem Gerücht, raffen alles zusammen unter Aufgabe ihrer Überheblichkeit und ihres Tandes, haben kein Vertrauen in sich und das Vaterland.

Aber des Catilina harter Sinn betrieb das gleiche weiter, wenn auch Schutzmaßnahmen vorbereitet wurden und er selbst von Lucius Paulus nach dem Plautischen Gesetz belangt worden war; zuletzt, um zu tun, als ob nichts wäre, oder um sich zu rechtfertigen, kam er in den Senat, gleich als wäre er durch Anwürfe gereizt. Da hat der Konsul Marcus Tullius Cicero, aus Furcht über seine Anwesenheit oder aus Zorn, eine glänzende und für den Staat nützliche Rede gehalten, die er dann auch ausgearbeitet und herausgegeben hat. Sobald er sich aber gesetzt hatte, da begann Catilina, wie er ja gerüstet war für jede Art von Verstellung, mit gesenktem Blick, flehender Stimme die Senatoren zu bitten, sie sollten doch nicht ohne weiteres etwas über ihn glauben: er stamme aus so guter Familie, habe von früher Jugend so sein Leben eingerichtet, daß er alles Gute in Aussicht habe; sie sollten doch nicht meinen, ihm, einem Manne aus altem Adel, der selbst und dessen Vorfahren die zahlreichsten Verdienste um das römische Volk besäßen, liege an der Vernichtung des Staates, während ihn Marcus Tullius rette, ein hergelaufener Eindringling in der Stadt Rom. Als er hierzu noch andere Schmähreden fügte, lärmten alle gegen ihn, nannten ihn einen Feind und Mörder. Da sagte er von Sin-

›quoniam quidem circumventus‹ inquit ›ab inimicis praeceps agor, incendium meum ruina exstinguam‹.

32. Deinde se ex curia domum proripuit. ibi multa ipse secum volvens, quod neque insidiae consuli procedebant et ab incendio intellegebat urbem vigiliis munitam, optumum factu credens exercitum augere ac, prius quam legiones scriberentur, multa antecapere, quae bello usui forent, nocte intempesta cum paucis in Manliana castra profectus est. sed Cethego atque Lentulo ceterisque, quorum cognoverat promptam audaciam, mandat, quibus rebus possent, opes factionis confirment, insidias consuli maturent, caedem incendia aliaque belli facinora parent: sese propediem cum magno exercitu ad urbem accessurum.

Dum haec Romae geruntur, C. Manlius ex suo numero legatos ad Marcium Regem mittit cum mandatis huiusce modi:

33. »Deos hominesque testamur, imperator, nos arma neque contra patriam cepisse neque quo periculum aliis faceremus, sed uti corpora nostra ab iniuria tuta forent, qui miseri, egentes violentia atque crudelitate faeneratorum plerique patria, sed omnes fama atque fortunis expertes sumus. neque quoiquam nostrum licuit more maiorum lege uti neque amisso patrimonio liberum corpus habere: tanta saevitia faeneratorum atque praetoris fuit. saepe maiores vostrum miseriti plebis Romanae, decretis suis inopiae eius opitulati sunt, ac novissume memoria nostra propter magnitudinem aeris alieni volentibus omnibus bonis argentum aere solutum est. saepe ipsa plebs, aut dominandi studio permota aut superbia magistratuum, armata a patribus secessit. at

nen: »Da ich einmal, umstellt von Feinden, gestürzt werden soll, werde ich meinen Brand in Trümmern ersticken.«
32. Darauf stürzte er aus dem Saal nach Hause. Dort überlegte er lange bei sich hin und her, weil einmal der Anschlag auf den Konsul nicht vonstatten gehen wollte und er auch sah, daß die Stadt vor Brandstiftung durch die Wachen gesichert war, und hielt es fürs beste, sein Heer zu vergrößern und, bevor Legionen ausgehoben würden, vieles vorher an sich zu reißen, was für den Krieg von Nutzen sein könnte. So brach er in tiefer Nacht mit wenigen Leuten in das Lager des Manlius auf. Cethegus aber und Lentulus und den übrigen, deren rasche Verwegenheit er kennengelernt hatte, trägt er auf, wie sie nur könnten, die Macht ihrer Partei zu stärken, den Anschlag auf den Konsul zu beschleunigen, Mord, Brandstiftung und andere Kriegstaten vorzubereiten. Er werde in nächster Zeit mit einem gewaltigen Heere vor die Stadt rücken.
Während dies in Rom geschieht, schickt Gaius Manlius aus seiner Schar Gesandte zu Marcius Rex mit Aufträgen folgenden Inhalts: 33. »Wir rufen die Götter und Menschen zu Zeugen an, Feldherr, daß wir zu den Waffen nicht gegen das Vaterland gegriffen haben, noch um damit andere in Gefahr zu bringen, sondern daß unsere Leiber sicher seien vor Unrecht, wir, die wir elend, mittellos, durch die Gewaltsamkeit und Grausamkeit der Wucherer größtenteils des Vaterlands, aber alle der Ehre und des Vermögens verlustig gegangen sind. Keinem von uns aber war es nach der Sitte der Vorfahren gegeben, das Gesetz anzurufen noch nach Verlust unseres Vermögens die persönliche Freiheit zu behalten: so hart war die Erbarmungslosigkeit der Wucherer und des Prätors. Oft haben eure Vorfahren, sich der Masse des römischen Volkes erbarmend, durch ihre Beschlüsse seiner Mittellosigkeit gesteuert, und noch jüngst zu unserer Zeit ist wegen der Größe der Schulden mit Willen aller Wohlgesinnten Silber mit Kupfer eingelöst worden. Oft hat sich das Volk selbst, entweder von der Leidenschaft zur Herrschaft oder der Unterdrückung durch die Beamten aufge-

nos non imperium neque divitias petimus, quarum rerum causa bella atque certamina omnia inter mortalis sunt, sed libertatem, quam nemo bonus nisi cum anima simul amittit. te atque senatum obstestamur, consulatis miseris civibus, legis praesidium, quod iniquitas praetoris eripuit, restituatis neve nobis eam necessitudinem imponatis, ut quaeramus, quonam modo maxume ulti sanguinem nostrum pereamus.«

34. Ad haec Q. Marcius respondit: si quid ab senatu petere vellent, ab armis discedant, Romam supplices proficiscantur; ea mansuetudine atque misericordia senatum populi Romani semper fuisse, ut nemo umquam ab eo frustra auxilium petiverit.

At Catilina ex itinere plerisque consularibus, praeterea optumo quoique litteras mittit: se falsis criminibus circumventum, quoniam factioni inimicorum resistere nequiverit, fortunae cedere, Massiliam in exilium proficisci, non quo sibi tanti sceleris conscius esset, sed uti res publica quieta foret neve ex sua contentione seditio oreretur. ab his longe divorsas litteras Q. Catulus in senatu recitavit, quas sibi nomine Catilinae redditas dicebat. earum exemplum infra scriptum est:

35. »L. Catilina Q. Catulo. Egregia tua fides re cognita, grata mihi magnis in meis periculis, fiduciam commendationi meae tribuit. quam ob rem defensionem in novo consilio non statui parare: satisfactionem ex nulla conscientia de culpa proponere decrevi, quam, me Dius Fidius, veram licet cognoscas. iniuriis contumeliisque concitatus, quod fructu laboris industriaeque meae privatus statum dignitatis non obtinebam, publicam miserorum causam pro mea consuetu-

wühlt, bewaffnet vom Senat getrennt. Aber wir wollen nicht Herrschaft noch Reichtümer, derentwegen Krieg und aller Streit ist unter den Menschen, sondern die Freiheit, die ein richtiger Mann nur mit seinem Leben zugleich verliert. Dich und den Senat beschwören wir, sorgt für eure unglücklichen Mitbürger, gebt ihnen den Schutz des Gesetzes wieder, den ihnen die Härte des Prätors entrissen hat, und erlegt uns nicht die Notwendigkeit auf, den Tod zu suchen, nachdem wir für unser Blut die schlimmste Rache genommen haben.«

34. Darauf antwortete Quintus Marcius, wenn sie den Senat um etwas bitten wollten, möchten sie von den Waffen lassen, demütig nach Rom ziehen. Der Senat des römischen Volkes sei immer von solcher Milde und Güte gewesen, daß niemand ihn je vergeblich um Hilfe gebeten habe.

Catilina hingegen schickte von unterwegs den meisten Konsularen Briefe, zudem sonst den Bedeutendsten: er sei in falsche Anschuldigungen verstrickt; da er dem Komplott seiner Feinde nicht habe Widerstand leisten können, weiche er dem Schicksal und gehe in die Verbannung nach Massilia; nicht weil er sich eines so schlimmen Verbrechens bewußt sei, sondern auf daß der Staat Ruhe habe und aus seinem persönlichen Kampf kein Aufruhr entstehe. Einen von diesen weit verschiedenen Brief las Quintus Catulus im Senat vor; nach seiner Aussage war er ihm in Catilinas Namen gebracht worden. Eine Abschrift davon ist hier unten gegeben:

35. »Lucius Catilina an Quintus Catulus. Deine außerordentliche, durch die Tat erprobte Zuverlässigkeit, die mir in meinen großen Gefahren willkommen ist, gibt Zutrauen in meine Empfehlung. Deshalb habe ich nicht vor, eine Verteidigung bei dem neuen Unternehmen zu geben; eine Erklärung aber ohne das Bewußtsein der Schuld will ich über sie vorlegen, die du bei Gott als wahr erkennen darfst. Durch Kränkungen und Beleidigungen aufgebracht, weil ich, der Frucht meiner Mühen und Anstrengungen beraubt, nicht die Stellung, die mir zukam, behaupten konnte, habe ich die allgemeine Sache der Unglücklichen nach meiner Gewohnheit

dine suscepi, non quin aes alienum meis nominibus ex possessionibus solvere non possem, – et alienis nominibus liberalitas Orestillae suis filiaeque copiis persolveret –, sed quod non dignos homines honore honestatos videbam meque falsa suspicione alienatum esse sentiebam. hoc nomine satis honestas pro meo casu spes reliquae dignitatis conservandae sum secutus. plura quom scribere vellem, nuntiatum est vim mihi parari. nunc Orestillam commendo tuaeque fidei trado; eam ab iniuria defendas, per liberos tuos rogatus. Haveto.«

36. Sed ipse paucos dies commoratus apud C. Flaminium in agro Arretino, dum vicinitatem antea sollicitatam armis exornat, cum fascibus atque aliis imperi insignibus in castra ad Manlium condendit.

Haec ubi Romae comperta sunt, senatus Catilinam et Manlium hostis iudicat, ceterae multitudini diem statuit, ante quam sine fraude liceret ab armis discedere praeter rerum capitalium condemnatis. praeterea decernit, uti consules dilectum habeant, Antonius cum exercitu Catilinam persequi maturet, Cicero urbi praesidio sit.

Ea tempestate mihi imperium populi Romani multo maxume miserabile visum est: quoi quom ad occasum ab ortu solis omnia domita armis parerent, domi otium atque divitiae, quae prima mortales putant, affluerent, fuere tamen cives, qui seque remque publicam obstinatis animis perditum irent. namque duobus senati decretis ex tanta multitudine neque praemio inductus coniurationem patefecerat neque ex castris

übernommen, nicht weil ich meine Schulden, die ich auf meinen Namen gemacht hatte, aus meinem Besitz nicht hätte bezahlen können – auch die auf fremden Namen hätte die Großzügigkeit der Orestilla aus eigenen und der Tochter Mitteln beglichen –, sondern weil ich Menschen, die dessen nicht wert waren, mit Ehre ausgezeichnet sah und spürte, daß ich durch falsche Verdächtigungen beiseite geschoben war. Aus diesem Grund bin ich dann den bei meiner Lage zur Genüge ehrenvollen Aussichten gefolgt, meine verbleibende Stellung zu wahren. Eben, als ich noch mehr schreiben will, wird mir gemeldet, man wolle mit Gewalt gegen mich vorgehen. So empfehle ich dir und deinem treuen Schutz Orestilla; schütze sie vor Unbill, ich bitte dich bei deinen Kindern. Lebe wohl!«

36. Selbst aber weilt er wenige Tage im Gebiet von Arretium bei Gaius Flaminius, indem er dabei die schon vorher unruhige Nachbarschaft mit Waffen ausstattet, und eilt dann mit den Rutenbündeln und den anderen Abzeichen des Oberbefehls in das Lager zu Manlius.

Als das in Rom bekannt wird, erklärt der Senat Catilina und Manlius zu Staatsfeinden, für die übrige Menge setzt er einen Tag fest, vor dem sie ohne Gefährdung von den Waffen lassen könnten, ausgenommen die, welche eines todeswürdigen Verbrechens wegen verurteilt waren. Außerdem beschließt er, die Konsuln sollten die Aushebung vornehmen, Antonius sich beeilen, Catilina mit einem Heer zu verfolgen, Cicero die Stadt schützen.

Dazumal schien mir das Reich des römischen Volkes bei weitem am meisten beklagenswert. Obwohl ihm bis zum Untergang der Sonne vom Aufgang angefangen alles durch Waffengewalt bezwungen gehorchte, daheim Frieden und Reichtum, die wertvollsten Dinge nach dem Urteil der Menschen, im Überfluß vorhanden waren, gab es doch Bürger, die sich und das Gemeinwesen durch ihren verstockten Sinn zugrunde richteten. Denn trotz der zwei Senatsbeschlüsse hatte bei einer so ungeheuren Menge keiner durch die ausgesetzte Belohnung verlockt die Verschwörung aufgedeckt, und das La-

Catilinae quisquam omnium discesserat: tanta vis morbi atque uti tabes plerosque civium animos invaserat. 37. neque solum illis aliena mens erat, qui conscii coniurationis fuerant, sed omnino cuncta plebes novarum rerum studio Catilinae incepta probabat. id adeo more suo videbatur facere. nam semper in civitate, quibus opes nullae sunt, bonis invident, malos extollunt, vetera odere, nova exoptant, odio suarum rerum mutari omnia student, turba atque seditionibus sine cura aluntur, quoniam egestas facile habetur sine damno. Sed urbana plebes, ea vero praeceps erat de multis causis. primum omnium, qui ubique probro atque petulantia maxume praestabant, item alii per dedecora patrimoniis amissis, postremo omnes, quos flagitium aut facinus domo expulerat, ii Romam sicut in sentinam confluxerant. deinde multi memores Sullanae victoriae, quod ex gregariis militibus alios senatores videbant, alios ita divites, ut regio victu atque cultu aetatem agerent, sibi quisque, si in armis foret, ex victoria talia sperabat. praeterea iuventus, quae in agris manuum mercede inopiam toleraverat, privatis atque publicis largitionibus excita urbanum otium ingrato labori praetulerat. eos atque alios omnis malum publicum alebat. quo minus mirandum est homines egentis, malis moribus, maxuma spe, rei publicae iuxta ac sibi consuluisse. praeterea, quorum victoria Sullae parentes proscripti, bona erepta, ius libertatis imminutum erat, haud sane alio animo belli eventum exspectabant. ad hoc quicumque aliarum atque senatus

ger Catilinas hatte kein einziger verlassen: so groß war die Gewalt der Krankheit, und wie eine Seuche hatte sie den Geist der meisten Bürger befallen. 37. Denn nicht nur denjenigen, die Mitwisser der Verschwörung gewesen waren, war der Sinn verwirrt, sondern überhaupt das gesamte niedere Volk hieß das Beginnen Catilinas gut aus Freude am Umsturz. Das tat es offensichtlich nach seiner Art. Denn immer sehen in einem Staate diejenigen, die keine Mittel haben, auf die Tüchtigen mit Mißgunst, heben Taugenichtse auf den Schild, hassen das Alte, begehren Neues, aus Verdruß über ihre Lage sind sie dafür, alles zu ändern, gedeihen bei Wirren und Aufruhr, ohne sich Sorgen zu machen, da man ja die Armut leicht ohne Schaden haben kann. Die hauptstädtische Masse indes, die war vollends hemmungslos aus vielen Gründen. Zum ersten vor allem: wer irgendwo sich besonders auszeichnete durch schändliches Wesen und Frechheit, desgleichen andere, die schimpflich ihr Vermögen verloren hatten, schließlich alle, die eine Schandtat oder ein Verbrechen von daheim fortgetrieben hatte, die waren in Rom wie die Jauche im Kielraum des Schiffes zusammengelaufen. Dann hofften viele in Erinnerung an Sullas Sieg, weil sie gemeine Soldaten jetzt teils als Senatoren sahen, teils so reich, daß sie ein Leben in königlicher Weise und Pracht führten, jeder für sich selbst, wenn er zu den Waffen griffe, nach einem Siege Ähnliches. Außerdem hatte die Jugend, die auf den Feldern mit ihrer Hände Lohn ein armes Leben geführt hatte, durch Geschenke von privater Seite und von Staats wegen herbeigelockt, das Nichtstun in der Stadt einer undankbaren Arbeit vorgezogen. Die und alle anderen lebten vom Unglück des Staates. Kein Wunder daher, daß diese Menschen, arm, sittlich verkommen, voll der größten Erwartungen, für den Staat nicht anders sorgten als für sich. Außerdem: alle, deren Eltern nach dem Sieg Sullas geächtet, deren Güter geraubt, deren Freiheitsrechte beschnitten worden waren, erwarteten in keineswegs anderer Gesinnung den Ausgang des Krieges. Dazu wollten alle, die einer anderen als der Senatspartei angehörten, lieber, daß das Gemein-

partium erant, conturbari rem publicam quam minus valere
ipsi malebant. id ⟨ad⟩eo malum multos post annos in civitatem revorterat. 38. nam postquam Cn. Pompeio et M. Crasso consulibus tribunicia potestas restituta est, homines adulescentes summam potestatem nacti, quibus aetas animusque
ferox erat, coepere senatum criminando plebem exagitare,
dein largiundo atque pollicitando magis incendere, ita ipsi
clari potentesque fieri. contra eos summa ope nitebatur pleraque nobilitas senatus specie pro sua magnitudine. namque, uti paucis verum absolvam, post illa tempora quicumque rem publicam agitavere, honestis nominibus, alii sicuti
populi iura defenderent, pars quo senatus auctoritas maxuma foret, bonum publicum simulantes pro sua quisque potentia certabant. neque illis modestia neque modus contentionis erat: utrique victoriam crudeliter exercebant. 39. sed
postquam Cn. Pompeius ad bellum maritumum atque
Mithridaticum missus est, plebis opes imminutae, paucorum
potentia crevit. ii magistratus, provincias aliaque omnia
tenere; ipsi innoxii, florentes, sine metu aetatem agere ceterosque iudiciis terrere, quo plebem in magistratu placidius
tractarent. sed ubi primum dubiis rebus novandi spes oblata
est, vetus certamen animos eorum arrexit. quod si primo
proelio Catilina superior aut aequa manu discessisset, profecto magna clades atque calamitas rem publicam oppressisset, neque illis, qui victoriam adepti forent, diutius ea uti
licuisset, quin defessis et exsanguibus, qui plus posset, imperium atque libertatem extorqueret.

Fuere tamen extra coniurationem complures, qui ad Cati-

wesen in Unordnung geriete, als daß sie selber weniger Gewicht hätten. Dies Unheil war nach vielen Jahren in den Staat wieder eingekehrt. 38. Denn nachdem unter dem Konsulat des Gnaeus Pompeius und des Marcus Crassus die Amtsgewalt der Tribunen wiederhergestellt worden war, begannen junge Burschen, nach Erlangung höchster Amtsgewalt, in jugendlicher und angeborener Rücksichtslosigkeit das Volk mit Verdächtigungen gegen den Senat aufzuwiegeln, dann es durch Geschenke und Versprechungen noch mehr zu erhitzen und so selbst berühmt und mächtig zu werden. Gegen diese arbeitete mit aller Kraft der größte Teil des Adels nach außen für den Senat, in Wirklichkeit für seine eigene Größe. Denn, um mit wenigen Worten die ganze Wahrheit hinzustellen: alle, die nach jener Zeit unter wohlklingenden Titeln das Gemeinwesen in Unruhe versetzten, die einen, gleich als ob sie die Rechte des Volkes schützten, ein Teil, daß das Ansehen des Senates so groß wie möglich sei, nahmen das Gemeinwohl nur zum Vorwand, um jeder für die eigene Macht zu kämpfen. Und sie kannten weder Zurückhaltung noch Maß in diesem Kampf. Beide Parteien nützten ihren Sieg grausam aus. 39. Indes, als Gnaeus Pompeius in den Seeräuberkrieg und dann gegen Mithridates geschickt worden war, war die Macht des Volkes gebrochen, der Einfluß der wenigen wuchs. Die hielten die Ämter, die Provinzen und alles andere in ihrer Hand; selbst lebten sie unangreifbar, gedeihend, ohne Furcht und schreckten die übrigen durch Prozesse, damit sie während ihrer Amtsführung das Volk nicht zu sehr aufwiegelten. Kaum aber bot sich bei unsicherer Lage die Hoffnung auf Umsturz, so richtete der alte Streit dessen Mut auf. Hätte aber beim ersten Gefecht Catilina als Sieger oder mit gleichem Glücke das Kampffeld verlassen, hätte fürwahr ein schweres Unglück und Unheil den Staat vernichtet. Aber auch die Sieger hätten den Sieg nicht länger genießen können, ohne daß den Ermatteten und Ausgebluteten ein Mächtigerer Herrschaft und Freiheit entwunden hätte.

Es gab jedoch mehrere nicht zur Verschwörung Gehörige, die

linam initio profecti sunt. in iis erat Fulvius, senatoris filius, quem retractum ex itinere parens necari iussit.

Isdem temporibus Romae Lentulus, sicuti Catilina praeceperat, quoscumque moribus aut fortuna novis rebus idoneos credebat, aut per se aut per alios sollicitabat, neque solum civis, sed quoiusque modi genus hominum, quod modo bello usui foret. 40. igitur P. Umbreno quoidam negotium dat, uti legatos Allobrogum requirat eosque, si possit, impellat ad societatem belli, existumans publice privatimque aere alieno oppressos, praeterea quod natura gens Gallica bellicosa esset, facile eos ad tale consilium adduci posse. Umbrenus quod in Gallia negotiatus erat, plerisque principibus civitatium notus erat atque eos noverat. itaque sine mora, ubi primum legatos in foro conspexit, percontatus pauca de statu civitatis et quasi dolens eius casum requirere coepit, quem exitum tantis malis sperarent. postquam illos videt queri de avaritia magistratuum, accusare senatum, quod in eo auxili nihil esset, miseriis suis remedium mortem exspectare, »at ego« inquit »vobis, si modo viri esse voltis, rationem ostendam, qua tanta ista mala effugiatis.« haec ubi dixit, Allobroges in maxumam spem adducti Umbrenum orare, ut sui misereretur: nihil tam asperum neque tam difficile esse, quod non cupidissume facturi essent, dum ea res civitatem aere alieno liberaret. ille eos in domum D. Bruti perducit, quod foro propinqua erat neque aliena consili propter Semproniam; nam tum Brutus ab Roma aberat. praeterea Gabinium arcessit, quo maior auctoritas sermoni inesset. eo praesente coniurationem aperit, nominat socios, praeterea multos quoiusque generis innoxios, quo lega-

gleich am Anfang zu Catilina aufbrachen. Unter denen war Fulvius, der Sohn eines Senators, den der Vater unterwegs zurückholen und töten ließ.

Zur selben Zeit wiegelte in Rom Lentulus, wie es Catilina befohlen hatte, alle, die er nach Charakter und Lage für den Umsturz geeignet glaubte, entweder selbst oder durch andere auf, und nicht nur Bürger, sondern jede Sorte Menschen, wenn sie nur für den Krieg von Nutzen wäre. 40. So stellt er einem gewissen Publius Umbrenus die Aufgabe, er solle die Gesandten der Allobroger aufsuchen und sie, wenn möglich, zur Teilnahme am Krieg bewegen, im Glauben, unter dem Druck ihrer öffentlichen und privaten Schuldenlast, außerdem weil der gallische Stamm von Natur kriegerisch sei, könnten sie leicht für ein solches Unternehmen gewonnen werden. Umbrenus war, weil er in Gallien Geschäfte gehabt hatte, den meisten Führern der Stämme bekannt und kannte sie selbst. Deshalb tat er, kaum daß er die Gesandten auf dem Forum erblickt hatte, ein paar Fragen nach der Lage ihres Staates, und wie wenn er dessen Unglück bedauerte, begann er zu forschen, welches Ende sie denn für ein solches Elend erhofften. Als er sieht, daß sie Klage führen über die Habgier der Beamten, daß sie den Senat beschuldigen, daß bei ihm keine Hilfe sei, daß sie für ihr Elend nur ein Mittel, den Tod, erwarten, sagt er: »Doch ich will euch, wenn ihr nur Männer sein wollt, den Weg zeigen, wie ihr diesem eurem schlimmen Elend entfliehen könnt.« Als er das gesagt hatte, da faßten die Allobroger die größte Hoffnung und baten ihn, er solle doch Mitleid mit ihnen haben: nichts sei so hart und schwierig, was sie nicht mit größtem Verlangen tun würden, wenn es nur ihren Staat von seinen Schulden befreie. Er führt sie in das Haus des Decimus Brutus, das in der Nähe des Forums lag und wegen der Sempronia für seinen Plan günstig war; denn Brutus war damals abwesend von Rom. Außerdem ruft er Gabinius herbei, damit seine Rede ein größeres Gewicht hätte. Als der da war, enthüllt er die Verschwörung, nennt die Verschworenen, außerdem viele Unschuldige jeder Art, damit die Gesandten desto größeren

tis animus amplior esset. deinde eos pollicitos operam suam domum dimittit.

41. Sed Allobroges diu in incerto habuere, quidnam consili caperent. in altera parte erat aes alienum, studium belli, magna merces in spe victoriae; at in altera maiores opes, tuta consilia, pro incerta spe certa praemia. haec illis volventibus tandem vicit fortuna rei publicae. itaque Q. Fabio Sangae, quoius patrocinio civitas plurumum utebatur, rem omnem, uti cognoverant, aperiunt. Cicero per Sangam consilio cognito legatis praecipit, ut studium coniurationis vehementer simulent, ceteros adeant, bene polliceantur dentque operam, uti eos quam maxume manufestos habeant.

42. Isdem fere temporibus in Gallia citeriore atque ulteriore, item in agro Piceno, Bruttio, Apulia motus erat. namque illi, quos ante Catilina dimiserat, inconsulte ac veluti per dementiam cuncta simul agebant. nocturnis consiliis, armorum atque telorum portationibus, festinando, agitando omnia plus timoris quam periculi effecerant. ex eo numero compluris Q. Metellus Celer praetor ex senatus consulto causa cognita in vincula coniecerat, item in citeriore Gallia C. Murena, qui ei provinciae legatus praeerat.

43. At Romae Lentulus cum ceteris, qui principes coniurationis erant, paratis ut videbatur magnis copiis, constituerant, uti, quom Catilina in agrum †Faesulanum cum exercitu venisset, L. Bestia tribunus plebis contione habita quereretur de actionibus Ciceronis bellique gravissumi invidiam optumo consuli imponeret: eo signo proxuma nocte cetera multitudo coniurationis suom quodque negotium exsequere-

Mut hätten. Dann entläßt er sie, nachdem sie ihre Mitwirkung versprochen haben.

41. Die Allobroger waren lange im ungewissen, was für einen Entschluß sie fassen sollten. Auf der einen Seite stand die Schuldenlast, die Lust am Kriege, der große Preis in der Hoffnung auf den Sieg; aber auf der anderen größere Macht, gefahrlose Entschlüsse, statt unsicherer Hoffnung sichere Belohnung. Während sie dies hin und her überlegten, siegte schließlich das Glück unseres Staates. So entdeckten sie dem Quintus Fabius Sanga, dessen Schutz ihr Staat meist in Anspruch nahm, die ganze Sache, wie sie sie in Erfahrung gebracht hatten. Cicero erhält durch Sanga von dem Plan Kenntnis und gibt den Gesandten Anweisung, lebhaftes Interesse an der Verschwörung vorzutäuschen, auch zu den übrigen zu gehen, reichlich Versprechungen zu machen und sich zu bemühen, sie möglichst handgreiflich festzulegen.

42. Zu derselben Zeit ungefähr waren im diesseitigen und jenseitigen Gallien, ebenso im Picenerland, in Bruttien, in Apulien Unruhen. Denn die Leute, die Catilina vorher ausgeschickt hatte, betrieben unüberlegt und wie von Sinnen alles zugleich. Durch nächtliche Beratungen, Transporte von Waffen zu Verteidigung und Angriff, durch Hasten und sich auf alles erstreckende Betriebsamkeit hatten sie mehr Furcht als Gefahr erzeugt. Von dieser Gesellschaft hatte der Prätor Quintus Metellus Celer auf Senatsbeschluß nach einer Untersuchung mehrere ins Gefängnis werfen lassen, desgleichen im diesseitigen Gallien Gaius Murena, der den Befehl über diese Provinz als Legat hatte.

43. In Rom aber hatte Lentulus mit den übrigen Häuptern der Verschwörung nach Bereitstellung wie ihm schien bedeutender Streitkräfte beschlossen, der Volkstribun Lucius Bestia solle, wenn Catilina mit seinem Heere ins Gebiet von Faesulae gelangt sei, eine Volksversammlung abhalten, sich über das Vorgehen Ciceros beschweren und das Odium des drückenden Krieges dem ausgezeichneten Konsul aufbürden: auf dies Zeichen solle in der folgenden Nacht die übrige Menge der Verschwörung ein jeder seine Aufgabe durchfüh-

tur. sed ea divisa hoc modo dicebantur: Statilius et Gabinius uti cum magna manu duodecim simul opportuna loca urbis incenderent, quo tumultu facilior aditus ad consulem ceterosque, quibus insidiae parabantur, fieret; Cethegus Ciceronis ianuam obsideret eumque vi aggrederetur; alius autem alium, sed filii familiarum, quorum ex nobilitate maxuma pars erat, parentis interficerent; simul caede et incendio perculsis omnibus ad Catilinam erumperent. inter haec parata atque decreta Cethegus semper querebatur de ignavia sociorum: illos dubitando et dies prolatando magnas opportunitates corrumpere; facto, non consulto in tali periculo opus esse, seque, si pauci adiuvarent, languentibus aliis impetum in curiam facturum. natura ferox, vehemens, manu promptus erat, maxumum bonum in celeritate putabat.

44. Sed Allobroges ex praecepto Ciceronis per Gabinium ceteros conveniunt. ab Lentulo, Cethego, Statilio, item Cassio postulant ius iurandum, quod signatum ad civis perferant: aliter haud facile eos ad tantum negotium impelli posse. ceteri nihil suspicantes dant, Cassius semet eo brevi venturum pollicetur ac paulo ante legatos ex urbe proficiscitur. Lentulus cum iis T. Volturcium quendam Crotoniensem mittit, ut Allobroges, prius quam domum pergerent, cum Catilina data atque accepta fide societatem confirmarent. ipse Volturcio litteras ad Catilinam dat, quarum exemplum infra scriptum est:

»Qui sim, ex eo, quem ad te misi, cognosces. fac cogites, in quanta calamitate sis, et memineris te virum esse. considercs, quid tuae rationes postulent. auxilium petas ab omnibus, etiam ab infumis.«

Ad hoc mandata verbis dat: quom ab senatu hostis iudicatus

ren. Die aber, hieß es, seien auf folgende Weise verteilt gewesen: Statilius und Gabinius sollten mit einer großen Schar zwölf geeignete Stellen der Stadt zugleich anstecken, daß man in dem Durcheinander leichter an den Konsul und die anderen herankäme, denen man ans Leben wollte. Cethegus sollte Ciceros Haustor besetzen und ihn selbst mit der Waffe angreifen, jeder sollte aber einen andern, die Söhne der Familien jedoch, deren größter Teil von Adel war, ihre Väter umbringen; wenn alle durch Mord zugleich und Brand betäubt seien, sollten sie zu Catilina durchbrechen. Bei diesen Vorbereitungen und Beschlüssen klagte Cethegus ohne Unterlaß über die Feigheit seiner Spießgesellen: sie verdürben durch Zaudern und Aufschieben große Gelegenheiten; Tat, nicht Rat sei in solcher Gefahr vonnöten; er werde, wenn nur wenige ihm zur Seite stünden, den Sturm auf die Kurie machen, möchten andere auch schlaff und untätig sein. Von Natur war er wild, heftig, rasch bei der Hand, das Beste lag nach seiner Meinung in der Schnelligkeit.

44. Die Allobroger indes suchen nach Ciceros Weisung durch Vermittlung des Gabinius die anderen auf. Von Lentulus, Cethegus, Statilius sowie von Cassius fordern sie eine eidliche Erklärung, die sie versiegelt ihren Mitbürgern bringen könnten: anders würden sie nicht leicht zu einer so großen Sache zu bewegen sein. Die anderen geben sie ohne allen Verdacht, Cassius verspricht, in Kürze selbst dahin zu kommen, und bricht wenig vor den Gesandten aus der Stadt auf. Lentulus schickt mit ihnen einen Mann namens Titus Volturcius aus Croton, daß die Allobroger, bevor sie nach Hause weiterzögen, mit Catilina durch gegenseitiges Gelöbnis das Bündnis erhärteten. Selbst gibt er Volturcius einen Brief an Catilina mit, dessen Abschrift hier folgt:

»Wer ich bin, erfährst du von dem, den ich zu dir schicke. Erwäge bitte, in welcher Not du bist, und vergiß nicht, daß du ein Mann bist. Geh mit dir zu Rate, was deine Lage erfordert. Hilfe suche bei allen, auch bei den Niedrigsten.«

Zudem trägt er ihm mündlich auf: da er vom Senat zum Staatsfeind erklärt sei, weswegen wolle er dann die Sklaven

sit, quo consilio servitia repudiet? in urbe parata esse quae iusserit. ne cunctetur ipse propius accedere.

45. His rebus ita actis, constituta nocte qua proficiscerentur, Cicero per legatos cuncta edoctus L. Valerio Flacco et C. Pomptino praetoribus imperat, ut in ponte Mulvio per insidias Allobrogum comitatus deprehendant. rem omnem aperit, quoius gratia mittebantur; cetera, uti facto opus sit, ita agant permittit. illi, homines militares, sine tumultu praesidiis collocatis, sicuti praeceptum erat, occulte pontem obsidunt. postquam ad id loci legati cum Volturcio venerunt et simul utrimque clamor exortus est, Galli cito cognito consilio sine mora praetoribus se tradunt, Volturcius primo cohortatus ceteros gladio se a multitudine defendit, deinde, ubi a legatis desertus est, multa prius de salute sua Pomptinum obtestatus, quod ei notus erat, postremo timidus ac vitae diffidens velut hostibus sese praetoribus dedit.

46. Quibus rebus confectis omnia propere per nuntios consuli declarantur. at illum ingens cura atque laetitia simul occupavere. nam laetabatur intellegens coniuratione patefacta civitatem periculis ereptam esse, porro autem anxius erat dubitans, in maxumo scelere tantis civibus deprehensis quid facto opus esset: poenam illorum sibi oneri, impunitatem perdundae rei publicae fore credebat. igitur confirmato animo vocari ad sese iubet Lentulum, Cethegum, Statilium, Gabinium, itemque Caeparium Terracinensem, qui in Apuliam ad concitanda servitia proficisci parabat. ceteri sine mora veniunt; Caeparius, paulo ante domo egressus, cognito indicio ex urbe profugerat. consul Lentulum, quod praetor

zurückweisen? In der Stadt sei vorbereitet, was er befohlen. Er solle nicht zögern, selber näher heranzurücken.

45. Als dies soweit war, die Nacht bestimmt war, in der sie aufbrechen sollten, erteilt Cicero, durch die Gesandten über alles unterrichtet, den Prätoren Lucius Valerius Flaccus und Gaius Pomptinus den Befehl, an der Mulvischen Brücke der Begleitung der Allobroger aufzulauern und sie festzunehmen. Er enthüllt ihnen die ganze Angelegenheit, derentwegen sie ausgeschickt wurden; im übrigen stellt er ihnen anheim, so zu handeln, wie die Lage es erfordert. Die, alte Soldaten, verteilen in aller Stille ihre Posten, wie befohlen, und besetzen heimlich die Brücke. Als die Gesandten mit Volturcius an diese Stelle kamen und sich zugleich auf beiden Seiten ein Geschrei erhob, ergaben sich die Gallier, indem sie schnell die Absicht erkannten, ohne Verzug den Prätoren, Volturcius feuerte zunächst die andern an und verteidigte sich mit dem Schwert vor dem Haufen, dann, als er sich von den Gesandten verlassen sah, bat er erst lange den Pomptinus flehentlich um Rettung – es war nämlich ein Bekannter von ihm –, endlich überließ er sich ängstlich und schon nichts mehr auf sein Leben gebend den Prätoren wie Feinden.

46. Als dies vollendet war, wurde alles eilends dem Konsul durch Boten dargetan. Diesen aber ergriff ungeheure Sorge und Freude zugleich. Denn er freute sich, weil er erkannte, daß durch die Entdeckung der Verschwörung der Staat den Gefahren entrissen sei; dann aber war er wiederum in beklemmender Sorge, unsicher, was zu tun sei, wo man so hochgestellte Mitbürger bei dem größten Verbrechen ertappt habe: ihre Bestrafung, glaubte er, werde ihn belasten, lasse man sie ungestraft, werde das den Staat zugrunde richten. So faßte er sich und hieß zu sich rufen Lentulus, Cethegus, Statilius, Gabinius, desgleichen Caeparius aus Terracina, der im Begriff war, nach Apulien aufzubrechen, um die Sklaven aufzuwiegeln. Die anderen kommen sofort, Caeparius hatte kurz vorher sein Haus verlassen und war, als er von der Anzeige erfahren hatte, aus der Stadt gewichen. Der Konsul

erat, ipse manu tenens in senatum perducit, reliquos cum custodibus in aedem Concordiae venire iubet. eo senatum advocat magnaque frequentia eius ordinis Volturcium cum legatis introducit, Flaccum praetorem scrinium cum litteris, quas a legatis acceperat, eodem afferre iubet.

47. Volturcius interrogatus de itinere, de litteris, postremo quid aut qua de causa consili habuisset, primo fingere alia, dissimulare de coniuratione; post ubi fide publica dicere iussus est, omnia, uti gesta erant, aperit docetque se paucis ante diebus a Gabinio et Caepario socium adscitum nihil amplius scire quam legatos, tantummodo audire solitum ex Gabinio P. Autronium, Servium Sullam, L. Vargunteium, multos praeterea in ea coniuratione esse. eadem Galli fatentur ac Lentulum dissimulantem coarguunt praeter litteras sermonibus, quos ille habere solitus erat: ex libris Sibyllinis regnum Romae tribus Corneliis portendi; Cinnam atque Sullam antea, se tertium esse, quoi fatum foret urbis potiri; praeterea ab incenso Capitolio illum esse vigesumum annum, quem saepe ex prodigiis haruspices respondissent bello civili cruentum fore. igitur perlectis litteris, quom prius omnes signa sua cognovissent, senatus decernit, uti abdicato magistratu Lentulus itemque ceteri in liberis custodiis habeantur. itaque Lentulus P. Lentulo Spintheri, qui tum aedilis erat, Cethegus Q. Cornificio, Statilius C. Caesari, Gabinius M. Crasso, Caeparius – nam is paulo ante ex fuga retractus erat – Cn. Terentio senatori traduntur.

48. Interea plebs coniuratione patefacta, quae primo cupida

führt Lentulus, weil er Prätor war, selbst an der Hand in den Senat, die anderen heißt er unter Bewachung in den Tempel der Concordia kommen. Dorthin ruft er den Senat zusammen, und unter großer Beteiligung dieses Standes führt er den Volturcius mit den Gesandten herein. Dem Prätor Flaccus befiehlt er, auch das Kästchen mit den Briefen, die er von den Gesandten erhalten hatte, dorthin zu bringen.

47. Volturcius, befragt nach Reiseziel, Brief, endlich was er für Absichten gehabt habe und aus welchem Grunde, erfindet zunächst andere Ausreden, stellt sich, als ob er von der Verschwörung nichts wisse. Als er dann unter Zusicherung von Straffreiheit zu reden aufgefordert wurde, enthüllt er alles, wie es zugegangen war, und legt dar, daß er erst vor wenigen Tagen von Gabinius und Caeparius als Mitglied herzugezogen worden sei und deshalb nicht mehr wisse als die Gesandten, nur habe er öfter von Gabinius gehört, Publius Autronius, Servius Sulla, Lucius Vargunteius, außerdem noch viele seien auch bei dieser Verschwörung. Dasselbe sagen die Gallier aus, und den Lentulus, der leugnet, überführen sie durch seinen Brief und die Reden, die er zu führen pflegte: nach den Sibyllinischen Büchern werde die Herrschaft über Rom drei Corneliern geweissagt; Cinna und Sulla seien es vorher gewesen, er sei der dritte, dem es bestimmt sei, sich der Stadt zu bemächtigen; zudem sei dieses nach dem Brande des Kapitols das zwanzigste Jahr, das – so lauteten die Bescheide der Vogelschauer nach den Vorzeichen – durch Bürgerkrieg blutig sein werde. Als die Briefe verlesen worden waren und alle zuvor ihr Siegel anerkannt hatten, beschließt daher der Senat, daß nach Niederlegung seines Amtes Lentulus genau wie die anderen in freier Haft gehalten werden solle. Deshalb wird Lentulus dem Publius Lentulus Spinther, der damals Ädil war, Cethegus dem Quintus Cornificius, Statilius dem Gaius Caesar, Gabinius dem Marcus Crassus, Caeparius – denn der war kurz vorher von seiner Flucht zurückgeholt worden – dem Senator Gnaeus Terentius übergeben.

48. Derweil änderte nach Entdeckung der Verschwörung das

rerum novarum nimis bello favebat, mutata mente Catilinae
consilia exsecrari, Ciceronem ad caelum tollere: veluti ex
servitute erepta gaudium atque laetitiam agitabat. namque
alia belli facinora praedae magis quam detrimento fore,
incendium vero crudele, immoderatum ac sibi maxume cala-
mitosum putabat, quippe quoi omnes copiae in usu cottidiano et cultu corporis erant.

Post eum diem quidam L. Tarquinius ad senatum adductus
erat, quem ad Catilinam proficiscentem ex itinere retractum
aiebant. is quom se diceret indicaturum de coniuratione, si
fides publica data esset, iussus a consule, quae sciret, edicere,
eadem fere quae Volturcius de paratis incendiis, de caede
bonorum, de itinere hostium senatum docet: praeterea se
missum a M. Crasso, qui Catilinae nuntiaret, ne eum Lentulus et Cethegus aliique ex coniuratione deprehensi terrerent,
eoque magis properaret ad urbem accedere, quo et ceterorum animos reficeret et illi facilius e periculo eriperentur.
sed ubi Tarquinius Crassum nominavit, hominem nobilem,
maxumis divitiis, summa potentia, alii rem incredibilem
rati, pars tametsi verum existumabant, tamen quia in tali
tempore tanta vis hominis magis leniunda quam exagitanda
videbatur, plerique Crasso ex negotiis privatis obnoxii, con-
clamant indicem falsum esse, deque ea re postulant, uti referatur. itaque consulente Cicerone frequens senatus decernit:
Tarquini indicium falsum videri eumque in vinculis reti-
nendum neque amplius potestatem faciundam, nisi de eo in-

Volk seinen Sinn, das doch zunächst, auf Umsturz lüstern, dem Kriege nur allzusehr gewogen war, verwünschte die Anschläge Catilinas, hob Cicero in den Himmel; gleich als wären sie der Unterdrückung entronnen, schwammen sie in Lustigkeit und Freude. Denn andere Kriegstaten, meinten sie, würden eher Beute als Schaden bringen, Brandstiftung aber sei grausam, maßlos und besonders verhängnisvoll für sie, deren ganzer Besitz in den täglichen Gebrauchsdingen · und der Kleidung bestand.

Tags darauf wird ein Mann namens Lucius Tarquinius dem Senat vorgeführt, der, wie sie sagten, zu Catilina gehen wollte und unterwegs aufgegriffen worden war. Da er sagte, er wolle Anzeigen betreffs der Verschwörung erstatten, wenn Straffreiheit gewährt würde, wurde er vom Konsul aufgefordert, zu verkünden, was er wisse, und legt dem Senat etwa dasselbe dar wie Volturcius, über die vorbereiteten Brandstiftungen, die Niedermetzelung der Anständigen, die Marschrichtung der Feinde: zudem sei er von Marcus Crassus geschickt, um Catilina zu sagen, die Ergreifung des Lentulus, Cethegus und der übrigen von der Verschwörung solle ihn nicht schrecken und er solle sich nur um so mehr beeilen, an die Stadt heranzurücken, um dadurch den Mut der übrigen wieder zu heben und auf daß jene leichter ihrer gefährlichen Lage entrissen werden könnten. Als aber Tarquinius Crassus nannte, einen Mann von Adel, von größtem Reichtum, höchster Macht, erhoben sie ein Geschrei, die einen, weil sie die Sache für unglaubwürdig hielten, ein Teil, ob sie gleich von der Wahrheit überzeugt waren, doch, weil in einem solchen Zeitpunkt die gewaltige Macht des Mannes mehr zu besänftigen als zu reizen tunlich schien, die meisten, weil sie dem Crassus aufgrund privater Geschäfte verpflichtet waren: der Angeber sei ein Lügner; sie fordern, daß über die Sache vor dem Senat beraten werde. Und so entscheidet der Senat auf Ciceros Antrag, daß die Anzeige des Tarquinius falsch erscheine, er solle in Haft gehalten werden und es solle ihm nicht mehr die Möglichkeit zur Aussage gegeben werden, wenn er nicht über den eine Anzeige

dicaret, quoius consilio tantam rem esset mentitus. erant eo tempore qui existumarent indicium illud a P. Autronio machinatum, quo facilius appellato Crasso per societatem periculi reliquos illius potentia tegeret. alii Tarquinium a Cicerone immissum aiebant, ne Crassus more suo suscepto malorum patrocinio rem publicam conturbaret. ipsum Crassum ego postea praedicantem audivi tantam illam contumeliam sibi ab Cicerone impositam.

49. Sed isdem temporibus Q. Catulus et C. Piso [neque precibus] neque pretio neque gratia Ciceronem impellere potuere, uti per Allobroges aut alium indicem C. Caesar falso nominaretur. nam uterque cum illo gravis inimicitias exercebat: Piso oppugnatus in iudicio pecuniarum repetundarum propter quoiusdam Transpadani supplicium iniustum, Catulus ex petitione pontificatus odio incensus, quod extrema aetate, maxumis honoribus usus, ab adulescentulo Caesare victus discesserat. res autem opportuna videbatur, quod is privatim egregia liberalitate, publice maxumis muneribus grandem pecuniam debebat. sed ubi consulem ad tantum facinus impellere nequeunt, ipsi singillatim circumeundo atque ementiundo, quae se ex Volturcio aut Allobrogibus audisse dicerent, magnam illi invidiam conflaverant, usque eo, ut nonnulli equites Romani, qui praesidi causa cum telis erant circum aedem Condordiae, seu periculi magnitudine seu animi mobilitate impulsi, quo studium suom in rem publicam clarius esset, egredienti ex senatu Caesari gladio minitarentur.

50. Dum haec in senatu aguntur et dum legatis Allobrogum et Tito Volturcio, comprobato eorum indicio, praemia

mache, auf dessen Veranlassung er eine so wichtige Sache erlogen habe. Es gab zu der Zeit Leute, die der Ansicht waren, diese Anzeige sei von Publius Autronius inszeniert worden, um desto leichter – wenn der Name Crassus gefallen wäre – die übrigen durch die Gemeinsamkeit der Gefahr mit dessen Macht zu decken. Andere behaupteten, Tarquinius sei von Cicero entsandt worden, daß Crassus nicht, indem er nach seiner Art den Schutz der üblen Elemente übernähme, den Staat in Unordnung bringe. Ich habe später Crassus selbst äußern hören, diese große Schmach sei ihm von Cicero aufgebürdet worden.

49. Zur gleichen Zeit aber konnten Quintus Catulus und Gaius Piso weder durch Bestechung noch durch ihren Einfluß Cicero dazu bringen, durch die Allobroger oder durch einen anderen Angeber Gaius Caesar fälschlich nennen zu lassen. Denn beide hatten mit diesem schwere Feindschaft: Piso war von ihm angegriffen worden in einem Schadenersatzprozeß wegen der ungerechten Hinrichtung eines Transpadaners, Catulus haßte ihn glühend seit seiner Bewerbung um das Pontifikat, weil er hochbetagt, nachdem er die höchsten Stellen innegehabt hatte, vor dem ganz jungen Caesar besiegt das Feld hatte räumen müssen. Die Gelegenheit aber schien günstig, weil er persönlich durch seine außerordentliche Großzügigkeit, in seiner Amtsführung durch reichste Geschenke große Summen schuldete. Als sie aber den Konsul zu einem solchen Verbrechen nicht bringen können, gehen sie selbst an einzelne Leute heran und lügen zusammen, was sie nach ihrer Behauptung von Volturcius oder den Allobrogern gehört hätten, und hatten damit viel böses Blut gegen ihn gemacht, derart, daß einige römische Ritter, die als Wache in Waffen beim Tempel der Concordia standen, mag sein durch die Größe der Gefahr getrieben, mag sein weil sie leicht hinzureißen waren, Caesar, wie er aus dem Senat heraustrat, mit dem Schwerte bedrohten, damit ihr Eifer für das Gemeinwohl sichtbar vor aller Augen stünde.

50. Während dieser Verhandlungen im Senat und während für die Gesandten der Allobroger und Titus Volturcius, da

decernuntur, liberti et pauci ex clientibus Lentuli divorsis
itineribus opifices atque servitia in vicis ad eum eripiundum
sollicitabant, partim exquirebant duces multitudinum, qui
pretio rem publicam vexare soliti erant. Cethegus autem per
nuntios familiam atque libertos suos, lectos et exercitatos,
orabat [in audaciam], ut grege facto cum telis ad sese irrum-
perent.

Consul ubi ea parari cognovit, dispositis praesidiis, ut res
atque tempus monebat, convocato senatu refert, quid de
iis fieri placeat, qui in custodiam traditi erant. sed eos paulo
ante frequens senatus iudicaverat contra rem publicam
fecisse. tum D. Iunius Silanus, primus sententiam rogatus,
quod eo tempore consul designatus erat, de iis, qui in custodiis tenebantur, et praeterea de L. Cassio, P. Furio, P. Umbreno, Q. Annio, si deprehensi forent, supplicium sumundum decreverat; isque postea permotus oratione C. Caesaris
pedibus in sententiam Tiberi Neronis iturum se dixit, quod
de ea re praesidiis additis referundum censuerat.

Sed Caesar, ubi ad eum ventum est, rogatus sententiam a
consule, huiusce modi verba locutus est:

51. »Omnis homines, patres conscripti, qui de rebus dubiis
consultant, ab odio, amicitia, ira atque misericordia vacuos
esse decet. haud facile animus verum providet, ubi illa offi-
ciunt, neque quisquam omnium lubidini simul et usui paruit.
ubi intenderis ingenium, valet; si lubido possidet, ea dominatur, animus nihil valet. magna mihi copia est memorandi,
patres conscripti, quae reges atque populi ira aut misericor-

sich ihre Anzeige als wahr erwiesen hatte, Belohnungen beschlossen wurden, suchten die Freigelassenen und einige von den abhängigen Leuten des Lentulus, nach entgegengesetzter Richtung laufend, die Handwerker und die Sklaven in den Gassen zu seiner Befreiung aufzuwiegeln, teils suchten sie auch Bandenführer ausfindig zu machen, die um Lohn das Gemeinwesen zu plagen gewohnt waren. Cethegus aber bat durch Boten sein Haus und seine Freigelassenen, auserlesene und geübte Leute, sie sollten eine Kampfgruppe bilden und mit Waffengewalt zu ihm durchbrechen.

Als der Konsul diese Vorbereitungen erkennt, verteilt er Posten, wie es Umstände und Lage erfordern, ruft den Senat zusammen und leitet eine Verhandlung darüber ein, was man mit denen zu tun gedenke, die in Haft gegeben worden waren. Kurz vorher aber hatte der Senat unter großer Beteiligung das Urteil gefällt, daß diese gegen den Staat gehandelt hätten. Da hatte Decimus Iunius Silanus, als erster nach seiner Meinung befragt, weil er zu der Zeit gewählter Konsul des nächsten Jahres war, entschieden, die, welche in Haft gehalten wurden, und außerdem Lucius Cassius, Publius Furius, Publius Umbrenus, Quintus Annius, wenn sie gefaßt würden, seien hinzurichten; derselbe sagte später, durch die Rede Gaius Caesars bestimmt, er trete der Meinung des Tiberius Nero bei, der nämlich die Ansicht vertreten hatte, über diese Sache solle verhandelt werden erst nach Verstärkung der Wachen.

Caesar aber sprach, als die Reihe an ihn kam, vom Konsul nach seiner Meinung befragt, mit folgenden Worten:

51. »Alle Menschen, Senatoren und Beigeordnete, die Rat halten über eine unsichere Lage, sollten ziemlicherweise frei sein von Haß, Freundschaft, Zorn und Mitleid. Nicht leicht sieht der Geist die Wahrheit, wo sie entgegenwirken, und nie hat je einer der Leidenschaft zugleich und dem Nutzen gehorcht. Wofern du den Geist anspannst, ist er stark; wenn ihn die Leidenschaft mit Beschlag belegt hat, herrscht sie, und der Geist vermag nichts. Ich hätte reichlich Stoff, Senatoren und Beigeordnete, zu erzählen, wie Könige und

dia impulsi male consuluerint. sed ea malo dicere, quae maiores nostri contra lubidinem animi sui recte atque ordine fecere. bello Macedonico, quod cum rege Perse gessimus, Rhodiorum civitas magna atque magnifica, quae populi Romani opibus creverat, infida et advorsa nobis fuit; sed postquam bello confecto de Rhodiis consultum est, maiores nostri, ne quis divitiarum magis quam iniuriae causa bellum inceptum diceret, impunitos eos dimisere. item bellis Punicis omnibus, quom saepe Carthaginienses et in pace et per indutias multa nefaria facinora fecissent, numquam ipsi per occasionem talia fecere: magis quid se dignum foret, quam quid in illos iure fieri posset, quaerebant. hoc item vobis providendum est, patres conscripti, ne plus apud vos valeat P. Lentuli et ceterorum scelus quam vostra dignitas, neu magis irae vostrae quam famae consulatis. nam si digna poena pro factis eorum reperitur, novom consilium approbo; sin magnitudo sceleris omnium ingenia exsuperat, his utendum censeo, quae legibus comparata sunt.

Plerique eorum, qui ante me sententias dixerunt, composite atque magnifice casum rei publicae miserati sunt. quae belli saevitia esset, quae victis acciderent, enumeravere: rapi virgines pueros, divelli liberos a parentum complexu; matres familiarum pati, quae victoribus collubuissent; fana atque domos spoliari; caedem incendia fieri; postremo armis, cadaveribus, cruore atque luctu omnia conpleri. sed, per deos immortalis, quo illa oratio pertinuit? an uti vos infestos coniurationi faceret? scilicet, quem res tanta et tam atrox non

Völker aus Zorn oder Mitleid schlechte Entschlüsse gefaßt haben. Aber ich will lieber das vortragen, wie unsere Vorfahren wider die Leidenschaft ihres Herzens richtig und nach der Ordnung gehandelt haben. Im mazedonischen Krieg, den wir mit dem König Perseus führten, war der große und reiche Staat der Rhodier, der durch die Macht des römischen Volkes an Einfluß gewonnen hatte, treulos und arbeitete gegen uns. Als aber nach Beendigung des Krieges über die Rhodier zu Rate gegangen wurde, haben unsere Vorfahren, daß keiner sagen könne, der Krieg wäre mehr ihres Reichtums als der Kränkung wegen begonnen worden, sie unbestraft laufen lassen. Ebenso in allen Punischen Kriegen: obgleich die Karthager mehrfach im Krieg und während der Waffenruhe viele ruchlose Taten begingen, haben sie selbst doch niemals, bot sich die Gelegenheit, so etwas getan; sie fragten mehr nach dem, was ihrer würdig sei, als was gegen jene mit Recht unternommen werden könnte. Genauso müßt ihr darauf sehen, Senatoren und Beigeordnete, daß bei euch das Verbrechen des Publius Lentulus und der übrigen nicht eine größere Rolle spiele als eure Würde und ihr nicht mehr für euren Zorn als für euren Ruf sorgt. Denn wenn eine entsprechende Strafe für ihre Taten sich finden läßt, billige ich die neue Maßnahme; wenn aber die Größe des Verbrechens die Vorstellung aller übersteigt, stimme ich dafür, sich dessen zu bedienen, was durch das Gesetz bereitgestellt ist.

Die meisten derjenigen, die vor mir ihre Meinung ausgesprochen haben, haben in wohlgesetzten und großen Worten das Unglück des Staates bejammert. Wie grausam der Krieg ist, was den Besiegten trifft, haben sie aufgezählt: daß Mädchen, Knaben geraubt, daß die Kinder aus den Armen der Eltern gerissen werden, daß die Mütter der Familie erdulden müssen, was die Sieger gelüstet; daß Tempel und Häuser geplündert werden, daß Mord und Brand herrscht, daß schließlich alles von Waffen, Leichen, Blut und Trauer erfüllt ist. Aber, bei den unsterblichen Göttern, was soll diese ganze Rede? Etwa euch gegen die Verschwörung aufbringen? Natürlich: wen eine so furchtbare und gräßliche Sache nicht

permovit, eum oratio accendet. non ita est, neque quoiquam mortalium iniuriae suae parvae videntur, multi eas gravius aequo habuere. sed alia aliis licentia est, patres conscripti. qui demissi in obscuro vitam habent, si quid iracundia deliquere, pauci sciunt, fama atque fortuna eorum pares sunt; qui magno imperio praediti in excelso aetatem agunt, eorum facta cuncti mortales novere. ita in maxuma fortuna minuma licentia est; neque studere neque odisse, sed minume irasci decet; quae apud alios iracundia dicitur, ea in imperio superbia atque crudelitas appellatur. equidem ego sic existumo, patres conscripti, omnis cruciatus minores quam facinora illorum esse. sed plerique mortales postrema meminere et in hominibus impiis sceleris eorum obliti de poena disserunt, si ea paulo severior fuit.

D. Silanum, virum fortem atque strenuom, certo scio, quae dixerit, studio rei publicae dixisse, neque illum in tanta re gratiam aut inimicitias exercere: eos mores eamque modestiam viri cognovi. verum sententia eius mihi non crudelis – quid enim in talis homines crudele fieri potest? – sed aliena a re publica nostra videtur. nam profecto aut metus aut iniuria te subegit, Silane, consulem designatum genus poenae novom decernere. de timore supervacaneum est disserere, quom praesertim diligentia clarissumi viri consulis tanta praesidia sint in armis. de poena possum equidem dicere, id quod res habet, in luctu atque miseriis mortem aerumnarum requiem, non cruciatum esse; eam cuncta mortalium mala dissolvere; ultra neque curae neque gaudio locum esse. sed, per deos immortalis, quamobrem in senten-

rührte, den wird eine Rede entflammen. So ist es nicht! Und keinem unter den Menschen erscheint erlittenes Unrecht klein, viele haben es schwerer genommen als billig. Aber nicht allen ist das Gleiche erlaubt, Senatoren. Wenn diejenigen, die bescheiden im Dunkel ihr Leben verbringen, im Zorn etwas begehen, wissen es wenige, ihr Ruf und ihr Schicksal sind gleich; wer aber, mit großer Befehlsgewalt betraut, auf den Höhen sein Leben führt, dessen Handlungen kennen alle Menschen. So wohnt im größten Schicksal die geringste Freiheit; weder interessiert zu sein noch zu hassen, aber am allerwenigsten in Zorn zu geraten ziemt sich; wenn bei anderen von Jähzorn gesprochen wird, heißt das bei Herrschenden Überhebung und Grausamkeit. Ich bin nun zwar folgender Meinung, Senatoren und Beigeordnete, daß alle Martern geringer sind als deren Verbrechen. Aber die meisten Menschen denken nur an das Letzte, und bei ruchlosen Menschen vergessen sie ihres Verbrechens und halten sich nur über die Strafe auf, wenn sie ein wenig zu streng gewesen ist.

Decimus Silanus, ein tapferer, tüchtiger Mann, hat, das weiß ich genau, was er gesagt, aus Eifer für das Gemeinwesen gesagt, und in einer so wichtigen Angelegenheit übte er nicht Begünstigung oder Feindschaften: so habe ich Charakter, so Selbstbeherrschung des Mannes kennengelernt. Wohl aber ist sein Antrag, wie mir scheint, nicht grausam – denn was könnte gegen solche Menschen Grausames geschehen –, aber unserem Staate nicht wesensgemäß. Denn fürwahr, entweder die Furcht oder das Unrecht, Silanus, haben dich, den gewählten Konsul des nächsten Jahres, gezwungen, für eine neuartige Strafart zu entscheiden. Über die Furcht ist es überflüssig zu sprechen, zumal durch die Umsicht des hochberühmten Mannes, unseres Konsuls, so gewaltige Schutzkräfte unter Waffen stehen. Was die Strafe anlangt, kann ich wenigstens sagen, wie es sich auch wirklich verhält, daß in Trübsal und Elend der Tod Erlösung vom Kummer, nicht Strafe ist, daß er alles Leid der Sterblichen löst, daß jenseits kein Raum für Sorge und Freude ist. Aber, bei den unsterb-

tiam non addidisti, uti prius verberibus in eos animadvorteretur? an quia lex Porcia vetat? at aliae leges item condemnatis civibus non animam eripi, sed exilium permitti iubent. an quia gravius est verberari quam necari? quid autem acerbum aut nimis grave est in homines tanti facinoris convictos? sin quia levius est, qui convenit in minore negotio legem timere, quom eam in maiore neglegeris? At enim quis reprehendet, quod in parricidas rei publicae decretum erit? tempus, dies, fortuna, quoius lubido gentibus moderatur. illis merito accidet, quicquid evenerit; ceterum vos, patres conscripti, quid in alios statuatis, considerate. omnia mala exempla ex rebus bonis orta sunt. sed ubi imperium ad ignaros eius aut minus bonos pervenit, novom illud exemplum ab dignis et idoneis ad indignos et non idoneos transfertur. Lacedaemonii devictis Atheniensibus triginta viros imposuere, qui rem publicam eorum tractarent. ii primo coepere pessumum quemque et omnibus invisum indemnatum necare: ea populus laetari et merito dicere fieri. post, ubi paulatim licentia crevit, iuxta bonos et malos lubidinose interficere, ceteros metu terrere: ita civitas servitute oppressa stultae laetitiae gravis poenas dedit. nostra memoria victor Sulla quom Damasippum et alios eius modi, qui malo rei publicae creverant, iugulari iussit, quis non factum eius laudabat? homines scelestos et factiosos, qui seditionibus rem publicam exagitaverant, merito necatos aiebant. sed ea res magnae initium cladis fuit. nam uti quisque domum aut

lichen Göttern, weswegen hast du deinem Antrag nicht beigefügt, daß sie vorher erst mit Auspeitschung bestraft werden sollten? Etwa, weil es das Porcische Gesetz verbietet? Aber andere Gesetze ordnen auch an, daß verurteilten Bürgern nicht das Leben genommen, sondern daß ihnen die Verbannung freigestellt werde. Oder weil es härter ist, ausgepeitscht als getötet zu werden? Was aber ist zu bitter oder zu hart gegen Menschen, die einer solchen Untat überführt sind? Ist's aber aus dem Grunde, weil es zu leicht ist, wie verträgt es sich, in der geringeren Sache das Gesetz zu fürchten, während du es in der größeren nicht beachtest? Aber wer wird denn tadeln, was gegen Hochverräter beschlossen wird? Umstände, Zeit, Schicksal, dessen Willkür über die Völker herrscht! Diese wird verdient treffen, was immer geschieht. Ihr aber, Senatoren und Beigeordnete, erwägt wohl, was ihr damit auch gegen andere beschließt. Alle schlechten Richtlinien sind einmal aus guten Anlässen entstanden. Sobald aber die Entscheidung an Leute gekommen ist, die sie nicht kannten, oder zu weniger Guten, wird jene neue Maßregel von Leuten, die es verdienen und wert sind, auf Leute übertragen, die es nicht verdienen und es nicht wert sind. Die Lazedämonier setzten nach Besiegung der Athener dreißig Männer über sie, die ihren Staat lenken sollten. Die begannen zunächst, gerade die Schlechtesten und allen Verhaßten ohne Urteil hinzurichten; darüber freute sich das Volk und sagte, es geschehe verdient. Danach, wie ihre Willkür allmählich wuchs, brachten sie Gute und Schlechte, wie es sie gelüstete, nebeneinander um, die übrigen hielten sie durch Furcht in Schrecken: so zahlte das Volk, in Knechtschaft unterdrückt, für seine törichte Freude schwere Buße. Als zu unseren Zeiten Sulla nach seinem Siege Damasipp und andere der Art, die durch das Unglück des Staates emporgekommen waren, hinmorden ließ, wer lobte da nicht seine Tat? Ruchlose und intrigante Menschen, die den Staat durch Aufstände nicht hätten zur Ruhe kommen lassen, seien verdient getötet worden, sagte man. Doch war das der Beginn eines großen Unheils. Denn wie es jeweils einen

villam, postremo vas aut vestimentum aliquoius concupiverat, dabat operam, ut is in proscriptorum numero esset. ita illi, quibus Damasippi mors laetitiae fuerat, paulo post ipsi trahebantur, neque prius finis iugulandi fuit, quam Sulla omnis suos divitiis explevit. atque ego haec non in M. Tullio neque his temporibus vereor, sed in magna civitate multa et varia ingenia sunt. potest alio tempore, alio consule, quoi item exercitus in manu sit, falsum aliquid pro vero credi. ubi hoc exemplo per senatus decretum consul gladium eduxerit, quis illi finem statuet aut quis moderabitur?

Maiores nostri, patres conscripti, neque consili neque audaciae umquam eguere, neque illis superbia obstabat, quo minus aliena instituta, si modo proba erant, imitarentur. arma atque tela militaria ab Samnitibus, insignia magistratuum ab Tuscis pleraque sumpserunt. postremo, quod ubique apud socios aut hostis idoneum videbatur, cum summo studio domi exsequebantur: imitari quam invidere bonis malebant. sed eodem illo tempore Graeciae morem imitati verberibus animadvortebant in civis, de condemnatis summum supplicium sumebant. postquam res publica adolevit et multitudine civium factiones valuere, circumveniri innocentes, alia huiusce modi fieri coepere, tum lex Porcia aliaeque leges paratae sunt, quibus legibus exilium damnatis permissum est. hanc ego causam, patres conscripti, quo minus novom consilium capiamus, in primis magnam puto. profecto virtus atque sapientia maior illis fuit, qui ex parvis opibus tantum imperium fecere, quam in nobis, qui ea bene parta vix retinemus.

nach dem Haus oder dem Landgut, schließlich nach Geschirr oder Kleidung gleich wessen gelüstete, bemühte er sich, daß dieser in die Zahl der Geächteten kam. So wurden jene, die sich über den Tod des Damasippus gefreut hatten, wenig später selbst fortgeschleift, und nicht eher gab es ein Ende des Mordens, bis Sulla alle seine Anhänger mit Reichtümern gesättigt hatte. Und ich fürchte so etwas nicht bei Marcus Tullius und nicht zur jetzigen Zeit, aber in einem großen Staate gibt es viele und unterschiedliche Geister. Es kann zu anderer Zeit, unter einem anderen Konsul, der ebenfalls ein Heer in der Hand hat, etwas Falsches für Wahrheit genommen werden. Wofern nach diesem Beispiel ein Konsul auf Senatsbeschluß das Schwert gezogen hat, wer wird ihm dann eine Grenze setzen, wer wird ihn in Schranken halten?

Unseren Vorfahren, Senatoren und Beigeordnete, hat es nie an Einsicht und Kühnheit gefehlt; es hinderte sie aber auch nicht ihr Stolz, fremde Einrichtungen, wenn sie nur recht waren, nachzuahmen. Kriegsgerät und Waffen übernahmen sie von den Samniten, die Abzeichen der Beamten zumeist von den Etruskern; schließlich: wo etwas bei Bundesgenossen oder Feinden geeignet schien, suchten sie es mit größtem Eifer daheim durchzuführen; lieber nachahmen wollten sie die Tüchtigen als scheel auf sie sehen. Indes, eben zu jener Zeit ahmten sie den Brauch von Griechenland nach und ahndeten ihre Mitbürger mit Auspeitschung, an Verurteilten vollstreckten sie die Todesstrafe. Als der Staat wuchs und infolge der großen Masse der Bürger die Parteiungen an Macht gewannen, man anfing, Unschuldige zu umgarnen, anderes derart zu begehen, da wurden das Porcische Gesetz und andere Gesetze gegeben, Gesetze, nach denen den Verurteilten die Verbannung freigestellt wurde. Ich halte diesen Grund, Senatoren und Beigeordnete, insonderheit für entscheidend, daß wir keinen neuen Entschluß fassen. Fürwahr Tüchtigkeit und Weisheit waren größer bei ihnen, die aus kleinen Anfängen ein so großes Reich geschaffen haben, als bei uns, die wir das tüchtig Erworbene mit Mühe nur behaupten.

Placet igitur eos dimitti et augeri exercitum Catilinae? minume. sed ita censeo: publicandas eorum pecunias, ipsos in vinculis habendos per municipia, quae maxume opibus valent; neu quis de iis postea ad senatum referat neve cum populo agat; qui aliter fecerit, senatum existumare eum contra rem publicam et salutem omnium facturum.«

52. Postquam Caesar dicundi finem fecit, ceteri verbo alius alii varie assentiebantur. at M. Porcius Cato, rogatus sententiam, huiusce modi orationem habuit:

»Longe alia mihi mens est, patres conscripti, quom res atque pericula nostra considero, et quom sententias nonnullorum ipse mecum reputo. illi mihi disseruisse videntur de poena eorum, qui patria, parentibus, aris atque focis suis bellum paravere; res autem monet cavere ab illis magis quam quid in illos statuamus consultare. nam cetera maleficia tum persequare, ubi facta sunt; hoc nisi provideris ne accidat, ubi evenit, frustra iudicia implores: capta urbe nihil fit reliqui victis. sed, per deos immortalis, vos ego appello, qui semper domos, villas, signa, tabulas vostras pluris quam rem publicam fecistis: si ista, quoiuscumque modi sunt quae amplexamini, retinere, si voluptatibus vostris otium praebere voltis, expergiscimini aliquando et capessite rem publicam. non agitur de vectigalibus neque de sociorum iniuriis: libertas et anima nostra in dubio est.

Saepenumero, patres conscripti, multa verba in hoc ordine feci, saepe de luxuria atque avaritia nostrorum civium questus sum, multosque mortalis ea causa advorsos habeo.

Ich bin also dafür, daß sie entlassen werden und so das Heer Catilinas vermehrt werde? Keineswegs! Aber ich meine so: ihr Vermögen ist einzuziehen, sie selbst in den Landstädten, die besonders mächtig sind, in Haft zu halten, und keiner soll hiernach über sie an den Senat berichten und mit dem Volke verhandeln; verstößt jemand dagegen, ist der Senat der Ansicht, daß er gegen den Staat und das Wohl der Allgemeinheit handeln wolle.«

52. Als Caesar seine Rede beendet hatte, stimmten die übrigen mit einem kurzen Wort der eine diesem, der andere jenem in verschiedener Weise bei. Aber Marcus Porcius, nach seiner Meinung befragt, hielt eine Rede folgenden Inhalts: »Zwiespältig, Senatoren und Beigeordnete, sind meine Empfindungen, wenn ich die Lage und unsere Gefahren bedenke und wenn ich die Anträge einiger bei mir selbst prüfe. Jene scheinen mir nur über die Bestrafung derjenigen gehandelt zu haben, die gegen ihr Vaterland, ihre Eltern, ihre Altäre und Herde den Krieg vorbereiteten; die Umstände aber mahnen eher, uns vor ihnen zu schützen, als zu beraten, was wir gegen sie verfügen wollen. Denn die anderen Schandtaten kannst du dann verfolgen, wenn sie geschehen sind; hierin, wenn du nicht Vorsorge triffst, daß es nicht eintritt, dürftest du, ist es geschehen, umsonst die Gerichte anrufen: ist die Stadt genommen, bleibt den Besiegten nichts übrig. Aber, bei den unsterblichen Göttern, euch rufe ich auf, die ihr immer eure Häuser, Landgüter, Statuen, Bilder höher gestellt habt als das Gemeinwesen: wenn ihr das, mag es sein, wie es wolle, woran ihr euch klammert, behaupten, wenn ihr euren Liebhabereien Muße verschaffen wollt, wacht endlich einmal auf und nehmt das Staatswesen in eure Hand! Es geht nicht um Steuern und Kränkungen der Bundesgenossen: die Freiheit und unser Leben sind in Gefahr!

Zu häufigen Malen, Senatoren und Beigeordnete, habe ich lange Reden vor diesem Stande gehalten, oft habe ich Klage geführt über die Verschwendungs- und Habsucht unserer Mitbürger, und viele Menschen habe ich deswegen zu Feinden. Da ich mir und meinem Willen nie ein Vergehen nach-

qui mihi atque animo meo nullius umquam delicti gratiam
fecissem, haud facile alterius lubidini male facta condona-
bam. sed ea tametsi vos parvi pendebatis, tamen res publica
firma erat, opulentia neglegentiam tolerabat. nunc vero non
id agitur, bonisne an malis moribus vivamus, neque quantum aut quam magnificum imperium populi Romani sit, sed
haec, quoiuscumque modi videntur, nostra an nobiscum una
hostium futura sint. hic mihi quisquam mansuetudinem et
misericordiam nominat. iam pridem equidem nos vera voca-
bula rerum amisimus: quia bona aliena largiri liberalitas,
malarum rerum audacia fortitudo vocatur, eo res publica in
extremo sita est. sint sane, quoniam ita se mores habent,
liberales ex sociorum fortunis, sint misericordes in furibus
aerari: ne illi sanguinem nostrum largiantur et, dum paucis
sceleratis parcunt, bonos omnis perditum eant.

Bene et composite C. Caesar paulo ante in hoc ordine de
vita et morte disseruit, credo falsa existumans ea, quae de
inferis memorantur: divorso itinere malos a bonis loca
taetra, inculta, foeda atque formidulosa habere. itaque cen-
suit pecunias eorum publicandas, ipsos per municipia in
custodiis habendos, videlicet timens, ne, si Romae sint, aut a
popularibus coniurationis aut a multitudine conducta per
vim eripiantur; quasi vero mali atque scelesti tantummodo
in urbe et non per totam Italiam sint, aut non ibi plus possit
audacia, ubi ad defendundum opes minores sunt. quare
vanum equidem hoc consilium est, si periculum ex illis
metuit; si in tanto omnium metu solus non timet, eo magis
refert me mihi atque vobis timere. qua re quom de P. Lentulo
ceterisque statuetis, pro certo habetote vos simul de exercitu

gesehen hatte, hielt ich nicht leicht den Gelüsten des Mitbürgers Übeltaten zugute. Aber wenn ihr das auch gering achtet, so stand doch wenigstens der Staat fest, seine Machtfülle konnte diese Geringschätzung ertragen. Jetzt aber handelt es sich nicht darum, ob wir in gutem oder schlechtem sittlichem Zustand leben, nicht darum, wie groß und wie stattlich das Reich des römischen Volkes sei, sondern darum, ob das alles, wie es auch immer scheinen möge, uns gehöre oder samt uns eine Beute der Feinde wird. Hier spricht mir einer von Milde und Mitleid? Schon längst haben wir die wahren Bezeichnungen für die Wirklichkeit verloren! Weil fremdes Gut verschenken Freigebigkeit, Verwegenheit in schlimmen Dingen Tapferkeit heißt, deshalb steht der Staat am Abgrund. Mögen sie nur, da es ja so Sitte ist, freigebig sein mit dem Vermögen der Bundesgenossen, mögen sie Mitleid haben mit den Dieben der Staatskasse: daß sie nur nicht unser Blut verschenken und, während sie wenige Verbrecher schonen, alle Anständigen zugrunde richten!
Trefflich und wohlgesetzt hat Gaius Caesar kurz vorher vor diesem Stande über Leben und Tod Betrachtungen angestellt, wohl, wie ich glaube, das, was von der Unterwelt erzählt wird, für unwahr erachtend: daß die Bösen von den Guten getrennt in verschiedenen Bezirken scheußliche, verwilderte, häßliche und schreckliche Striche bewohnen. Deshalb stellte er den Antrag, ihr Geld einzuziehen, sie selbst in den Landstädten in Haft zu halten. Natürlich aus Furcht, wenn sie in Rom wären, könnten sie von den Verschwörergenossen oder einer gemieteten Bande gewaltsam befreit werden. Gerade als ob es Böse und Verbrecher nur in der Stadt und nicht durch ganz Italien hin gäbe oder die Kühnheit nicht dort mehr vermöchte, wo die Macht zur Verteidigung geringer ist! Darum ist dieser Plan fürwahr töricht, wenn er Gefahr von ihnen fürchtet; wenn er aber bei einer so großen allgemeinen Besorgnis als einziger nichts fürchtet, ist es um so wichtiger, daß ich für mich und euch fürchte. Deshalb haltet es, wenn ihr über Publius Lentulus und die übrigen befindet, für gewiß, daß ihr zugleich über das Heer

Catilinae et de omnibus coniuratis decernere. quanto vos attentius ea agetis, tanto illis animus infirmior erit; si paulum modo vos languere viderint, iam omnes feroces aderunt.

Nolite existumare maiores nostros armis rem publicam ex parva magnam fecisse. si ita esset, multo pulcherrumam eam nos haberemus: quippe sociorum atque civium, praeterea armorum atque equorum maior copia nobis quam illis est. sed alia fuere, quae illos magnos fecere, quae nobis nulla sunt: domi industria, foris iustum imperium, animus in consulundo liber, neque delicto neque lubidini obnoxius. pro his nos habemus luxuriam atque avaritiam, publice egestatem, privatim opulentiam. laudamus divitias, sequimur inertiam. inter bonos et malos discrimen nullum, omnia virtutis praemia ambitio possidet. neque mirum: ubi vos separatim sibi quisque consilium capitis, ubi domi voluptatibus, hic pecuniae aut gratiae servitis, eo fit, ut impetus fiat in vacuam rem publicam.

Sed ego haec omitto. coniuravere nobilissumi cives patriam incendere, Gallorum gentem infestissumam nomini Romano ad bellum arcessunt, dux hostium cum exercitu supra caput est; vos cunctamini etiam nunc et dubitatis, quid intra moenia deprensis hostibus faciatis? Misereamini censeo – deliquere homines adulescentuli per ambitionem – atque etiam armatos dimittatis: ne ista vobis mansuetudo et misericordia, si illi arma ceperint, in miseriam convortat. scilicet res ipsa aspera est, sed vos non timetis eam. immo vero maxume. sed inertia et mollitia animi alius alium exspectantes cunctamini, videlicet dis immortalibus confisi, qui

Catilinas und alle Verschwörer eure Entscheidung trefft! Je energischer ihr das betreibt, um so schwächer wird deren Mut sein; wenn sie euch nur ein wenig schlaff sehen, werden alle mit Wildheit nahen.

Glaubt nicht, daß unsere Vorfahren den Staat mit Waffengewalt aus einem kleinen zu einem großen gemacht haben. Wenn es so wäre, so würden wir ihn bei weitem im schönsten Stande haben; wo wir doch eine größere Fülle von Bundesgenossen und Bürgern, zudem von Waffen und Rossen haben als sie. Sondern anderes ist es gewesen, was jene groß machte, was wir nicht besitzen: daheim Tätigkeit, draußen gerechte Herrschaft, ein Sinn, beim Beraten unabhängig und keinem Vergehen und keiner Leidenschaft verfallen. Statt dessen haben wir Verschwendungssucht und Habgier, im Staate Armut, zu Hause Üppigkeit. Wir loben den Reichtum, hängen aber der Trägheit nach. Zwischen Guten und Schlechten ist kein Unterschied, alle Belohnungen für Tüchtigkeit hat üble Ehrsucht in Besitz. Und so ist es kein Wunder: da ihr jeder für seine eigenen Belange gesondert eure Pläne faßt, da ihr daheim Sklaven eures Vergnügens, hier des Geldes und eurer Verbindungen seid, daher kommt es, daß ein Angriff auf das herrenlose Gemeinwesen gemacht werden kann.

Aber ich lasse das. Es haben sich hochadlige Mitbürger verschworen, die Vaterstadt in Flammen aufgehen zu lassen; den Stamm der Gallier, den größten Feind des römischen Namens, rufen sie zum Kriege herbei; der Führer der Feinde ist mit einem Heer über euren Häuptern. Da zaudert ihr auch jetzt noch und schwankt, was ihr mit Feinden, die ihr innerhalb der Mauern ergriffen habt, machen sollt? Erbarmt euch, meine ich – vergangen haben sich junge Leute aus Ehrgeiz! –, und entlaßt sie, noch dazu bewaffnet! Daß sich euch eure Milde und euer Mitleid, wenn sie die Waffen ergriffen haben, nur nicht in Leid verwandelt! Natürlich, die Sache an sich ist gefährlich, aber ihr fürchtet sie nicht. Doch, sehr sogar! Aber aus Lässigkeit und Weichheit des Herzens wartet ihr einer auf den anderen und zaudert, offenbar im Vertrauen auf die unsterblichen Götter, die diesen Staat oft

hanc rem publicam saepe in maxumis periculis servavere. non votis neque suppliciis muliebribus auxilia deorum parantur; vigilando. agundo, bene consulendo prospere omnia cedunt. ubi socordiae te atque ignaviae tradideris, nequiquam deos implores: irati infestique sunt. apud maiores nostros A. Manlius Torquatus bello Gallico filium suom, quod is contra imperium in hostem pugnaverat, necari iussit, atque ille egregius adulescens immoderatae fortitudinis morte poenas dedit; vos de crudelissumis parricidis quid statuatis, cunctamini? videlicet cetera vita eorum huic sceleri obstat. verum parcite dignitati Lentuli, si ipse pudicitiae, si famae suae, si dis aut hominibus umquam ullis pepercit. ignoscite Cethegi adulescentiae, nisi iterum patriae bellum fecit. nam quid ego de Gabinio, Statilio, Caepario loquar? quibus si quicquam umquam pensi fuisset, non ea consilia de re publica habuissent. postremo, patres conscripti, si mehercule peccato locus esset, facile paterer vos ipsa re corrigi, quoniam verba contemnitis. sed undique circumventi sumus. Catilina cum exercitu faucibus urget, alii intra moenia atque in sinu urbis sunt hostes; neque parari neque consuli quicquam potest occulte: quo magis properandum est.

Quare ego ita censeo: quom nefario consilio sceleratorum civium res publica in maxuma pericula venerit, iique indicio T. Volturci et legatorum Allobrogum convicti confessique sint caedem, incendia aliaque se foeda atque crudelia facinora in civis patriamque paravisse, de confessis, sicuti de manufestis rerum capitalium, more maiorum supplicium sumundum.«

53. Postquam Cato assedit, consulares omnes itemque sena-

schon in den größten Gefahren bewahrt haben. Nicht durch Gelübde und weibisches Flehen wird die Hilfe der Götter erworben; wenn man wachsam ist, handelt, richtig zu Rate geht, geht alles günstig aus. Wofern du dich der Trägheit und Feigheit überläßt, flehst du umsonst wohl die Götter an: sie sind zornig und feindselig. Bei unseren Vorfahren ließ Aulus Manlius Torquatus im Gallierkrieg seinen Sohn, weil der wider den Befehl gegen den Feind gekämpft hatte, töten, und jener außerordentliche Jüngling büßte für seine unbeherrschte Tapferkeit mit dem Tode; ihr zaudert, was ihr über die grausamsten Hochverräter verhängen sollt? Offenbar steht ihr früheres Leben im Widerspruch zu diesem Verbrechen. Aber: schont die Würde des Lentulus, wenn er selbst je seine Reinheit, seinen Ruf, wenn er je Götter oder Menschen schonte. Verzeihet der Jugend des Cethegus, wenn er nicht zum zweitenmal dem Vaterland den Krieg bereitete! Denn was soll ich über Gabinius, Statilius, Caeparius reden? Wenn ihnen je etwas von Belang gewesen wäre, hätten sie nicht diese Pläne gegen den Staat gehabt! Endlich, Senatoren und Beigeordnete: bei Gott, wenn noch die Zeit wäre für einen Fehler, würde ich leicht zulassen, daß ihr durch die Sache selbst belehrt werdet, da ihr Worte ja gering schätzt. Aber wir sind von allen Seiten umstellt. Catilina sitzt uns mit einem Heer an der Kehle. Andere Feinde sind innerhalb der Mauern und im Herzen der Stadt; im stillen läßt sich nichts dagegen rüsten und beraten. Um so mehr muß man eilen.

Deshalb meine ich so: da durch den ruchlosen Plan verbrecherischer Bürger der Staat in größte Gefahren gekommen ist und diese durch die Anzeige des Titus Volturcius und der Gesandten der Allobroger überführt und geständig sind, Mord, Brand und andere scheußliche und grausame Taten gegen ihre Mitbürger und das Vaterland vorbereitet zu haben, ist an den Geständigen wie an überwiesenen Schwerverbrechern nach der Sitte der Vorfahren die Todesstrafe zu vollstrecken.«

53. Als sich Cato gesetzt hatte, loben alle Konsulare und

tus magna pars sententiam eius laudant, virtutem animi ad caelum ferunt, alii alios increpantes timidos vocant. Cato clarus atque magnus habetur: senati decretum fit, sicuti ille censuerat.

Sed mihi multa legenti, multa audienti, quae populus Romanus domi militiaeque, mari atque terra praeclara facinora fecit, forte lubuit attendere, quae res maxume tanta negotia sustinuisset. sciebam saepenumero parva manu cum magnis legionibus hostium contendisse; cognoveram parvis copiis bella gesta cum opulentis regibus, ad hoc saepe fortunae violentiam tolerasvisse, facundia Graecos, gloria belli Gallos ante Romanos fuisse. ac mihi multa agitanti constabat paucorum civium egregiam virtutem cuncta patravisse, eoque factum, uti divitias paupertas, multitudinem paucitas superaret. sed postquam luxu atque desidia civitas corrupta est, rursus res publica magnitudine sua imperatorum atque magistratuum vitia sustentabat ac, sicuti effeta ⟨esset⟩ pari*en*do, multis tempestatibus haud sane quisquam Romae virtute magnus fuit. sed memoria mea ingenti virtute, divorsis moribus fuere viri duo, M. Cato et C. Caesar. quos quoniam res obtulerat, silentio praeterire non fuit consilium, quin utriusque naturam et mores, quantum ingenio possum, aperirem.

54. Igitur iis genus, aetas, eloquentia prope aequalia fuere, magnitudo animi par, item gloria, sed alia alii. Caesar beneficiis ac munificentia magnus habebatur, integritate vitae Cato. ille mansuetudine et misericordia clarus factus, huic severitas dignitatem addiderat. Caesar dando sublevando

ebenso ein großer Teil des Senates seinen Vorschlag, heben sie die Mannhaftigkeit seines Geistes in den Himmel, einer schilt auf den anderen und heißt ihn ängstlich. Cato gilt als herrlich und groß. Der Senatsbeschluß wird gefaßt, wie jener beantragt hatte.
Mir aber, der ich vieles las, vieles hörte, was das römische Volk daheim und im Kriege, zu Wasser und zu Lande für glänzende Taten vollbracht hat, kam es einmal an, darauf zu achten, was wohl am meisten solche großen Unternehmen bewältigt hätte. Ich wußte, daß es häufig mit einer kleinen Schar gegen gewaltige Massen der Feinde gefochten hatte; ich erkannte, daß mit geringen Kräften gegen mächtige Könige Krieg geführt worden war; dazu, daß es häufig den Ansturm des Schicksals ertragen hatte; daß an Beredsamkeit die Griechen, an Kriegsruhm die Gallier die Römer übertroffen hatten. Und nach vielen Überlegungen festigte sich mir die Meinung, daß die ungewöhnliche Tatkraft weniger Bürger alles zustande gebracht hat und daß es darum geschah, daß Armut den Reichtum, geringe Zahl die Masse überwand. Nachdem aber das Volk durch Üppigkeit und Schlaffheit verdorben worden war, hielt wiederum der Staat durch seine Größe den Fehlern der Heerführer und Beamten stand. Und wie wenn die Gebärkraft erschöpft gewesen wäre, war in langen Zeiten keiner in Rom groß durch Tatkraft. Zu meinen Lebzeiten aber waren von ungeheurer Tatkraft, aber verschiedener Art zwei Männer, Marcus Cato und Gaius Caesar. Da der Zusammenhang sie uns in den Weg führte, habe ich nicht die Absicht, ruhig vorbeizugehen, ohne ihre Natur und ihren Charakter, soweit ich es mit meinen Fähigkeiten vermag, zu enthüllen.
54. Nun, ihre Herkunft, ihr Alter, ihre Beredsamkeit waren fast gleichrangig, die Großheit des Geistes dieselbe, ebenso der Ruhm, aber jedem in anderer Weise. Caesar galt als groß infolge seiner Spenden und Freigebigkeit, Cato wegen der Unbescholtenheit seines Lebens. Jener wurde durch Milde und Mitleid berühmt, diesem hatte die Strenge Würde verliehen. Caesar erlangte Ruhm durch Geben, Helfen, Ver-

ignoscundo, Cato nihil largiundo gloriam adeptus est. in altero miseris perfugium erat, in altero malis pernicies. illius facilitas, huius constantia laudabatur. postremo Caesar in animum induxerat laborare, vigilare, negotiis amicorum intentus sua neglegere, nihil denegare, quod dono dignum esset; sibi magnum imperium, exercitum, bellum novum exoptabat, ubi virtus enitescere posset. at Catoni studium modestiae, decoris, sed maxume severitatis erat; non divitiis cum divite neque factione cum factioso, sed cum strenuo virtute, cum modesto pudore, cum innocente abstinentia certabat; esse quam videri bonus malebat: ita, quo minus petebat gloriam, eo magis illum assequebatur.

55. Postquam, ut dixi, senatus in Catonis sententiam discessit, consul optumum factu ratus noctem quae instabat antecapere, ne quid eo spatio novaretur, tresviros, quae [ad] supplicium postulabat, parare iubet. ipse praesidiis dispositis Lentulum in carcerem deducit; idem fit ceteris per praetores.

Est in carcere locus, quod Tullianum appellatur, ubi paululum ascenderis ad laevam, circiter duodecim pedes humi depressus; eum muniunt undique parietes atque insuper camera lapideis fornicibus iuncta; sed incultu tenebris odore foeda atque terribilis eius facies est. in eum locum postquam demissus est Lentulus, vindices rerum capitalium, quibus praeceptum erat, laqueo gulam fregere. ita ille patricius ex gente clarissuma Corneliorum, qui consulare imperium Romae habuerat, dignum moribus factisque suis exitium vitae invenit. de Cethego, Statilio, Gabinio, Caepario eodem modo supplicium sumptum est.

56. Dum ea Romae geruntur, Catilina ex omni copia, quam

zeihen; Cato durch Kargheit. In dem einen fanden die Unglücklichen ihre Zuflucht, in dem anderen die Bösen ihr Verderben. An jenem wurde seine Leutseligkeit, an diesem seine Beherrschung gelobt. Endlich hatte es Caesar sich zum Grundsatz gemacht, tätig und wachsam zu sein, um die Geschäfte der Freunde bemüht die eigenen hintanzusetzen, nichts abzuschlagen, was eines Geschenkes würdig wäre; für sich wünschte er große Macht, ein Heer, einen neuen Krieg, wo seine Tatkraft aufstrahlen könnte. Cato aber richtete sein Streben auf Maßhalten, Anständigkeit, ganz besonders aber auf Strenge; mit dem Reichen wetteiferte er nicht um Reichtum und nicht mit dem Parteimann in Machtkämpfen, sondern mit dem Wackeren um Manneswert, mit dem Maßvollen um Zucht, mit dem Unbescholtenen um Selbstlosigkeit; er wollte lieber gut sein als scheinen. Je weniger er daher den Ruhm suchte, um so mehr heftete er sich an ihn.

55. Nachdem, wie ich sagte, der Senat für den Antrag Catos gestimmt hatte, hält es der Konsul für besonders tunlich, der Nacht, die bevorstand, zuvorzukommen, daß in diesem Zeitraum nichts unternommen würde, und heißt die Dreimänner, was für die Hinrichtung gefordert war, vorbereiten. Er selbst verteilt Posten und geleitet Lentulus in den Kerker; dasselbe geschieht mit den übrigen durch die Prätoren.

Im Gefängnis gibt es einen Raum, Tullianum geheißen, wenn man ein wenig zur Linken emporsteigt, ungefähr zwölf Fuß unter der Erde. Ihn verwahren rings Mauern und darüber ein Gewölbe, das von Steinbögen gehalten ist. Durch Verwahrlosung, Finsternis, Geruch aber ist sein Aussehen scheußlich und gräßlich. Nachdem Lentulus in diesen Raum herabgelassen worden war, brachen die Henker, denen es befohlen war, ihm mit dem Strang den Hals. So fand jener Patrizier aus dem hochberühmten Geschlecht der Cornelier, der in Rom die Stellung des Konsuls innegehabt hatte, ein seines Charakters und seiner Taten würdiges Ende. An Cethegus, Statilius, Gabinius, Caeparius wurde auf gleiche Weise die Todesstrafe vollstreckt.

56. Während dieses sich in Rom ereignete, stellt Catilina aus

et ipse adduxerat et Manlius habuerat, duas legiones instituit, cohortis pro numero militum complet. deinde, ut quisque voluntarius aut ex sociis in castra venerat, aequaliter distribuerat, ac brevi spatio legiones numero hominum expleverat, quom initio non amplius duobus milibus habuisset. sed ex omni copia circiter pars quarta erat militaribus armis instructa; ceteri, ut quemque casus armaverat, sparos aut lanceas, alii praeacutas sudis portabant. sed postquam Antonius cum exercitu adventabat, Catilina per montis iter facere, modo ad urbem, modo Galliam vorsus castra movere, hostibus occasionem pugnandi non dare. sperabat propediem magnas copias sese habiturum, si Romae socii incepta patravissent. interea servitia repudiabat, quoius initio ad eum magnae copiae concurrebant, opibus coniurationis fretus, simul alienum suis rationibus existumans videri causam civium cum servis fugitivis communicavisse.

57. Sed postquam in castra nuntius pervenit Romae coniurationem patefactam, de Lentulo et Cethego ceterisque, quos supra memoravi, supplicium sumptum, plerique, quos ad bellum spes rapinarum aut novarum rerum studium illexerat, dilabuntur; reliquos Catilina per montis asperos magnis itineribus in agrum Pistoriensem abducit eo consilio, uti per tramites occulte perfugeret in Galliam Transalpinam. at Q. Metellus Celer cum tribus legionibus in agro Piceno praesidebat, ex difficultate rerum eadem illa existumans, quae supra diximus, Catilinam agitare. igitur ubi iter eius ex perfugis cognovit, castra propere movit ac sub ipsis radicibus montium consedit, qua illi descensus erat in Gal-

der gesamten Truppenmasse, die er selbst mitgebracht und die Manlius schon gehabt hatte, zwei Legionen zusammen und füllt die Kohorten entsprechend der Zahl seiner Soldaten auf. Danach hatte er, wie jeweils Freiwillige oder welche von den Anhängern ins Lager gestoßen waren, sie gleichmäßig verteilt und in kurzer Zeit die Legionen zahlenmäßig aufgefüllt, während er anfangs nicht mehr als 2000 Mann gehabt hatte. Indes, von der ganzen Menge war nur ungefähr ein Viertel mit vorschriftsmäßigen Waffen versehen; die übrigen trugen, wie der Zufall jeden bewaffnet hatte, Speere oder Lanzen, andere auch angespitzte Pfähle. Als aber Antonius mit seinem Heere heranrückte, nahm Catilina seinen Marsch durch die Berge, verschob sein Lager bald auf Rom zu, bald gegen Gallien hin, gab den Feinden nicht die Gelegenheit zum Kampfe. Er hoffte, nächstens gewaltige Truppenmassen zu haben, wenn in Rom seine Genossen ihr Beginnen ausgeführt hätten. Derweil wies er die Sklaven zurück, wovon ihm anfangs große Scharen zuströmten, im Vertrauen auf die Machtmittel der Verschwörung und zugleich in der Ansicht, es scheine seinen Plänen abträglich, die Sache der Bürger mit entlaufenen Sklaven geteilt zu haben.

57. Als indes ins Lager die Botschaft kam, in Rom sei die Verschwörung entdeckt, an Lentulus und Cethegus und den anderen, die ich oben erwähnt, sei die Todesstrafe vollstreckt worden, da verlaufen sich die meisten, die Hoffnung auf Raub oder Lust an Umsturz zum Krieg verlockt hatten. Den Rest führt Catilina durch rauhes Gebirge in Eilmärschen weg ins Gebiet von Pistoria in der Absicht, auf Schleichwegen heimlich nach dem jenseitigen Gallien zu entkommen. Aber Quintus Metellus Celer hatte mit drei Legionen im picenischen Gebiet Posten bezogen, weil er in Betracht der schwierigen Lage rechnete, Catilina habe gerade das vor, was wir eben ausgeführt. Sobald er also durch Überläufer seine Marschrichtung in Erfahrung gebracht hatte, brach er eilends auf und bezog Stellung direkt am Fuß des Gebirges, wo dieser, wenn er nach Gallien wollte, herab-

liam properanti. neque tamen Antonius procul aberat, utpote qui magno exercitu locis aequioribus expeditus in fuga sequeretur. sed Catilina postquam videt montibus atque copiis hostium sese clausum, in urbe res adversas, neque fugae neque praesidi ullam spem, optumum factu ratus in tali re fortunam belli temptare, statuit cum Antonio quam primum confligere. itaque contione advocata huiuscemodi orationem habuit:

58. »Compertum ego habeo, milites, verba virtutem non addere, neque ex ignavo strenuom neque fortem ex timido exercitum oratione imperatoris fieri. quanta quoiusque animo audacia natura aut moribus inest, tanta in bello patere solet. quem neque gloria neque pericula excitant, nequiquam hortere: timor animi auribus officit.

Sed ego vos, quo pauca monerem, advocavi, simul uti causam mei consili aperirem. Scitis equidem, milites, socordia atque ignavia Lentuli quantam ipsi nobisque cladem attulerit, quoque modo, dum ex urbe praesidia opperior, in Galliam proficisci nequiverim. nunc vero quo loco res nostrae sint, iuxta mecum omnes intellegitis. exercitus hostium duo, unus ab urbe, alter a Gallia obstant; diutius in his locis esse, si maxume animus ferat, frumenti atque aliarum rerum egestas prohibet; quocumque ire placet, ferro iter aperiundum est. quapropter vos moneo, uti forti atque parato animo sitis et, quom proelium inibitis, memineritis vos divitias, decus, gloriam, praeterea libertatem atque patriam in dextris vostris portare. si vincimus, omnia nobis tuta erunt: commeatus abunde, municipia atque coloniae patebunt; si metu cesserimus, eadem illa advorsa fient, neque

steigen mußte. Jedoch war auch Antonius nicht weit weg, da er ihm mit einem großen Heere auf ebeneren Wegen kampffertig auf der Flucht nachsetzte. Als Catilina indes sieht, daß er durch das Gebirge und die Truppen der Feinde eingeschlossen ist, daß in Rom die Lage sich gegen ihn gewendet hat, keine Hoffnung auf Flucht oder Hilfe besteht, hält er es für das beste, das Kriegsglück zu erproben, und beschließt, sich sobald wie möglich mit Antonius zu schlagen. Daher versammelte er sein Heer und hielt eine Rede folgenden Inhalts:

58. »Ich weiß aus Erfahrung, Soldaten, daß Worte nicht Tapferkeit verleihen können und daß aus einem schwächlichen Heer ein tüchtiges, ein tapferes aus einem ängstlichen durch die Rede des Feldherrn nicht werden kann. Wie viel im Herzen eines jeden Kühnheit von Natur oder Gewöhnung ruht, so viel pflegt sich auch im Krieg offen zu zeigen. Wen Ruhm und Gefahren nicht reizen, den dürfte man ohne Erfolg anfeuern: die Furcht des Herzens verstopft das Ohr.

Ich habe euch aber zusammengerufen, um euch an einiges zu erinnern, zugleich um die Gründe für meinen Entschluß bekanntzugeben. Ihr wißt, Soldaten, was für Schaden die Lässigkeit und Feigheit des Lentulus ihm selbst und uns gebracht hat und wie ich, da ich auf Hilfe aus der Stadt warte, nicht habe nach Gallien aufbrechen können. Wo jetzt aber unsere Dinge stehen, durchschaut ihr alle so wie ich. Uns gegenüber stehen zwei feindliche Heere, eines in der Richtung der Stadt, das andere nach Gallien zu, uns länger in dieser Gegend hier aufzuhalten, wenn es noch so sehr der Wille begehren wollte, verbietet der Mangel an Brot und anderen Dingen; wo wir hinwollen, wir müssen uns mit dem Schwert einen Weg bahnen. Deshalb rufe ich euch zu, tapferen und entschlossenen Sinnes zu sein und, wenn ihr in den Kampf geht, nicht zu vergessen, daß ihr Reichtum, Ehre, Ruhm, zudem Freiheit und Vaterland in eurer Rechten tragt. Siegen wir, ist alles für uns gerettet: reichlich Verpflegung, Landstädte und Kolonien werden uns offenstehen; wenn wir aus Furcht weichen, wird das gleiche uns widrig sein

locus neque amicus quisquam teget, quem arma non texerint.
Praeterea, milites, non eadem nobis et illis necessitudo impendet: nos pro patria, pro libertate, pro vita certamus, illis supervacaneum est pugnare pro potentia paucorum. Quo audacius aggredimini memores pristinae virtutis. licuit vobis cum summa turpitudine in exilio aetatem agere, potuistis nonnulli Romae amissis bonis alienas opes exspectare: quia illa foeda atque intoleranda viris videbantur, haec sequi decrevistis. si haec relinquere voltis, audacia opus est: nemo nisi victor pace bellum mutavit. nam in fuga salutem sperare, quom arma, quibus corpus tegitur, ab hostibus avorteris, ea vero dementia est. semper in proelio iis maxumum est periculum, qui maxume timent; audacia pro muro habetur.
Quom vos considero, milites, et quom facta vostra aestumo, magna me spes victoriae tenet. animus aetas virtus vostra me hortantur, praeterea necessitudo, quae etiam timidos fortis facit. nam multitudo hostium ne circumvenire queat, prohibent angustiae loci. quod si virtuti vostrae fortuna inviderit, cavete, inulti animam amittatis, neu capti potius sicuti pecora trucidemini, quam virorum more pugnantes cruentam atque. luctuosam victoriam hostibus relinquatis.«
59. Haec ubi dixit, paululum commoratus signa canere iubet atque instructos ordines in locum aequom deducit. dein remotis omnium equis, quo militibus exaequato periculo animus amplior esset, ipse pedes exercitum pro loco atque copiis instruit. nam, uti planities erat inter sinistro montis et

und kein Platz, kein Freund wird den schützen, den die Waffen nicht beschützt haben.

Außerdem, Soldaten, nicht der gleiche Zwang steht über uns und ihnen: wir streiten für das Vaterland, für die Freiheit, für unser Leben, denen scheint es höchst überflüssig, für die Macht weniger zu kämpfen. Um so kühner greift sie an, eingedenk eurer alten Mannhaftigkeit. Es stand euch frei, in höchster Schande in der Verbannung euer Leben zu verbringen, ihr hättet zum Teil nach Verlust eurer Güter in Rom auf fremde Mittel hoffen können. Weil das häßlich und unerträglich für Männer schien, habt ihr beschlossen, diesen Weg zu gehen. Wenn ihr ihn wieder verlassen wollt, bedarf's der Kühnheit: nur der Sieger hat je Krieg in Frieden eingetauscht. Denn in der Flucht das Heil zu erhoffen, wenn du die Waffen, wodurch der Leib gedeckt ist, von den Feinden wegwendest, das ist vollends Wahnsinn. Immer sind im Kampf die in größter Gefahr, die am meisten Angst haben; Kühnheit gilt soviel wie eine Mauer.

Wenn ich euch ansehe, Kriegsmänner, und wenn ich eure Taten erwäge, erfüllt mich große Hoffnung auf Sieg. Euer Mut, euer Alter, eure Mannhaftigkeit machen mich getrost, zudem der Zwang, der auch Ängstliche tapfer macht. Denn daß die Übermacht der Feinde uns nicht umstellen kann, dafür sorgt die Enge des Platzes. Wenn aber das Schicksal eurer Tapferkeit übelwill, so hütet euch, ungerächt euer Leben aus der Hand zu geben und euch gefangennehmen und wie das Vieh abschlachten zu lassen, statt nach Männerart zu kämpfen und dem Feind nur einen blutigen und klagereichen Sieg zu überlassen.«

59. Als er dies gesagt hatte, hält er ein Weilchen inne, läßt dann die Signale blasen und führt die Reihen geordnet in die Ebene herab. Darauf läßt er aller Pferde beiseite bringen, auf daß die Soldaten, nachdem so die Gefahr gleich verteilt war, größeren Mut hätten; selbst zu Fuß, läßt er das Heer dem Gelände und ihrer Stärke entsprechend sich aufstellen. Denn wo eine Ebene sich zwischen dem Gebirge zur Linken und einem schroffen Felsen zur Rechten erstreck-

ab dextra rupem asperam, octo cohortis in fronte constituit, reliquarum signa in subsidio artius collocat. ab iis centuriones, omnis lectos et evocatos, praeterea ex gregariis militibus optumum quemque armatum in primam aciem subducit. C. Manlium in dextra, Faesulanum quendam in sinistra parte curare iubet, ipse cum libertis et colonis propter aquilam assistit, quam bello Cimbrico C. Marius in exercitu habuisse dicebatur.

At ex altera parte C. Antonius, pedibus aeger, quod proelio adesse nequibat, M. Petreio legato exercitum permittit. ille cohortis veteranas, quas tumulti causa conscripserat, in fronte, post eas ceterum exercitum in subsidiis locat. ipse equo circumiens unumquemque nominans appellat, hortatur, rogat, ut meminerint se contra latrones inermis pro patria, pro liberis, pro aris atque focis suis certare. homo militaris, quod amplius annos triginta tribunus aut praefectus aut legatus aut praetor cum magna gloria in exercitu fuerat, plerosque ipsos factaque eorum fortia noverat: ea commemorando militum animos accendebat.

60. Sed ubi omnibus rebus exploratis Petreius tuba signum dat, cohortis paulatim incedere iubet; idem facit hostium exercitus. postquam eo ventum est, unde a ferentariis proelium committi posset, maxumo clamore cum infestis signis concurrunt; pila omittunt, gladiis res geritur. veterani, pristinae virtutis memores, comminus acriter instare, illi haud timidi resistunt: maxuma vi certatur. interea Catilina cum expeditis in prima acie vorsari, laborantibus succurrere, integros pro sauciis arcessere, omnia providere, multum ipse pugnare, saepe hostem ferire: strenui militis et boni impera-

te, stellt er acht Kohorten in die vordere Reihe, die Feldzeichen der übrigen stellt er in der Reserve enger zusammen. Aus ihnen führt er alle Centurionen, auserlesene altgediente Leute, außerdem von den gemeinen Soldaten die besten, die ordnungsgemäß bewaffnet waren, heraus in das vordere Treffen. Gaius Manlius heißt er auf dem rechten, einen Mann aus Faesulae auf dem linken Flügel den Befehl zu führen. Selber stellt er sich mit seinen Freigelassenen und den Siedlern neben dem Adler auf, den Gaius Marius im Cimbernkrieg in seinem Heer mitgeführt hatte, wie es hieß.
Auf der Gegenseite jedoch überläßt Gaius Antonius, weil er fußkrank dem Kampfe nicht beiwohnen konnte, dem Legaten Marcus Petreius das Heer. Dieser stellt die altgedienten Kohorten, die er des Aufstandes wegen aufgeboten hatte, in die erste Reihe, hinter ihnen das übrige Heer in Reserve. Selber reitet er umher, nennt einen jeden beim Namen, spricht sie an, ermutigt sie, bittet sie, daran zu denken, daß sie gegen unbewaffnetes Raubgesindel für Vaterland, für ihre Kinder, für Altäre und Herde stritten. Als alter Soldat kannte er, weil er mehr als dreißig Jahre als Tribun, Präfekt, Legat und Prätor mit großem Ruhm im Heer gedient hatte, die meisten selber und ihre Heldentaten. Durch die Erinnerung an sie entflammt er den Mut der Soldaten.
60. Petreius läßt nach erfolgter Aufklärung mit der Tuba das Signal geben und die Kohorten allmählich vorrücken. Dasselbe tut das Heer der Feinde. Nachdem man so weit gekommen war, daß der Kampf von den Schützen begonnen werden konnte, stürzen sie unter großem Geschrei mit entgegenstürmenden Feldzeichen aufeinander los, sie lassen die Wurfspieße, der Kampf wird mit den Schwertern ausgefochten. Die Veteranen, ihrer alten Tapferkeit eingedenk, dringen im Nahkampf hitzig vor, jene leisten mutig Widerstand, mit größter Kraft wird gestritten. Währenddessen schlägt sich Catilina mit einer leichtbeweglichen Schar im ersten Treffen, kommt in Bedrängnis zu Hilfe, ruft frische Kräfte statt der verwundeten herbei, trifft gegen alles Vorsichtsmaßregeln, kämpft viel selbst, trifft häufig den Feind:

toris officia simul exsequebatur. Petreius ubi videt Catilinam, contra ac ratus erat, magna vi tendere, cohortem praetoriam in medios hostis inducit eosque perturbatos atque alios alibi resistentis interficit. deinde utrimque ex lateribus ceteros aggreditur. Manlius et Faesulanus in primis pugnantes cadunt. Catilina postquam fusas copias seque cum paucis relictum videt, memor generis atque pristinae suae dignitatis in confertissumos hostis incurrit ibique pugnans confoditur.

61. Sed confecto proelio tum vero cerneres, quanta audacia quantaque animi vis fuisset in exercitu Catiliniae. nam fere quem quisque vivos pugnando locum ceperat, eum amissa anima corpore tegebat. pauci autem, quos medios cohors praetoria disiecerat, paulo divorsius, sed omnes tamen advorsis volneribus conciderant. Catilina vero longe a suis inter hostium cadavera repertus est, paululum etiam spirans ferociamque animi, quam habuerat vivos, in voltu retinens. postremo ex omni copia neque in proelio neque in fuga quisquam civis ingenuos captus est: ita cuncti suae hostiumque vitae iuxta pepercerant. neque tamen exercitus populi Romani laetam aut incruentam victoriam adeptus erat. nam strenuissumus quisque aut occiderat in proelio aut graviter volneratus discesserat. multi autem, qui e castris visundi aut spoliandi gratio processerant, volventes hostilia cadavera amicum alii, pars hospitem aut cognatum reperiebant; fuere item, qui inimicos suos cognoscerent. ita varie per omnem exercitum laetitia, maeror, luctus atque gaudia agitabantur.

er verrichtete zugleich die Aufgaben eines tüchtigen Soldaten und eines guten Feldherrn. Da Petreius sieht, daß Catilina, anders als erwartet, mit aller Kraft kämpft, führt er die Leibgarde mitten in die Feinde hinein und macht sie nieder, während sie in Verwirrung sind und der eine hier, der andere dort Widerstand zu leisten versucht. Darauf greift er die übrigen auf beiden Seiten von der Flanke an. Manlius und der Mann aus Faesulae fallen kämpfend unter den ersten. Als Catilina sieht, daß seine Gruppen geworfen sind und er mit wenigen übrig ist, stürzt er sich eingedenk seiner Herkunft und seiner früheren Stellung mitten in das dichteste Getümmel der Feinde und wird dort kämpfend durchbohrt.

61. Indes, nachdem der Kampf vollendet war, da erst hättest du sehen können, welche Kühnheit und welche Willenskraft im Heere Catilinas geherrscht hatten. Denn welchen Platz ein jeder lebend im Kampfe sich gewählt hatte, den deckte er fast durchweg nach Verlust des Lebens mit seinem Leibe. Wenige aber, die in der Mitte die Schutzkohorte auseinandergesprengt hatte, waren etwas zerstreuter, aber doch alle mit Wunden in der Brust gefallen. Catilina vollends wurde weit von den Seinen entfernt zwischen Leichen von Feinden aufgefunden, noch ein wenig atmend und den Trotz seines Geistes, den er lebend gehabt hatte, noch im Ausdruck bewahrend. Endlich wurde von der ganzen Masse weder im Kampf noch auf der Flucht ein freigeborener Bürger gefangengenommen: so hatten alle ihr Leben so wenig wie das der Feinde geschont. Jedoch auch das Heer des römischen Volkes hatte keinen frohen und unblutigen Sieg errungen. Denn die Tüchtigsten waren im Kampf gefallen oder waren schwer verwundet aus dem Kampfe hervorgegangen. Viele aber, die aus dem Lager aus Neugier oder der Beute wegen herausgekommen waren, drehten die Leichen der Feinde herum und fanden so manche einen Freund, ein Teil einen Bekannten oder Verwandten. Es gab auch welche, die ihre Feinde erkannten. So herrschte durch das ganze Heer hin wechselnd Freude, Trauer, Jammern und Ausgelassenheit.

ZUM TEXT

Der lateinische Text folgt der verbreiteten Ausgabe von Hans Haas, Egon Römisch und Matthias Gelzer (Heidelberger Texte, Lateinische Reihe, Band 8. Heidelberg ⁴1959). Sie wurde mit Textgestaltung und Apparat der Ausgaben von Ahlberg, Kurfeß, Ernout und dem Kommentar von W. Steidle (Die Verschwörung des Catilina, München 1949) verglichen. Im übrigen stellt der Text eine eigene Interpretation dar, die aber nicht beansprucht, textkritisch Neues zu bieten (verschiedentlich wurde die von Zimmermann zu sehr bevorzugte Nebenüberlieferung gegen Kurfeß mit Haas/Römisch/Gelzer und Ernout auf Grund sprachlicher Erwägungen zurückgewiesen; doch ist zu überlegen, ob an ein paar Stellen zusammen mit Ernout nicht gegen die Annahme von Interpolationen noch mehr eingewendet werden müßte. Der Text schließt sich hier doch der Heidelberger Ausgabe an, weil sonst die Frage nach den Grundlagen der Sallust-Überlieferung überhaupt erneut hätte aufgerollt werden müssen.

ANMERKUNGEN

2 Kyros, der erste König der Perser, der Astyages, den König der Meder, und Kroisos, den König der Lyder, besiegte (gest. 529 v. Chr.).

5 Lucius Sulla, vornehmer Patrizier aus dem Geschlecht der Cornelier, geb. 138 v. Chr., zeichnete sich zuerst als Quästor unter Marius im Jugurthinischen Krieg aus (107), errang 83 nach dem Sieg über die Partei des Marius (gest. 86) die Alleinherrschaft. Nach furchtbaren Proskriptionen (Ächtung seiner Gegner) festigte er durch Gesetze das Senatsregiment. 79 trat er freiwillig von der Macht – er war Diktator ohne Befristung – zurück und starb 78 auf seinem Landgut.

8 *ingenium nemo sine corpore exercebat* soll heißen, daß die Römer zugleich tätig, vor allem im Kriege tätig waren, nicht etwa den Griechen das Ideal der Kalokagathie absprechen, in dem ja auch beides untrennbar verbunden ist.

13 *maria constrata*. Es wurden Dämme ins Meer gebaut, auf denen man Häuser errichtete oder mit denen man Fischteiche abtrennte. Velleius, der Zeitgenosse und Offizierskamerad des Arminius, berichtet, daß Pompeius den Lucullus deshalb einen Xerxes in der Toga nannte. Man empfand es als Frevel, der Natur Gewalt anzutun, und als ein Übersteigen der menschlichen Grenzen (2,33).

15 *cum sacerdote Vestae*. Es war Fabia, die Stiefschwester von Ciceros Frau Terentia. Sie und Catilina waren 73, also 10 Jahre vor der Verschwörung, angeklagt, aber auf Betreiben des Q. Lutatius Catulus freigesprochen worden, des Konsuls von 78, an den Catilina den Brief Kap. 35 schreibt. Er war einer der angesehensten Männer der Zeit, ein Feind Caesars, vor allem, weil er bei der Bewerbung um die höchste Priesterwürde ihm im Jahre 63 unterlag (vgl. Kap. 49).

17 Die Mitglieder der Verschwörung waren vornehme und höchstgestellte Leute, P. Lentulus Sura war 71 Konsul gewesen und 70 aus dem Senat gestoßen worden, P. Autronius Paetus, ein Schulkamerad Ciceros, mit ihm zusammen Quästor gewesen (75), L. Cassius Longinus mit Cicero 66 Prätor, Mitbewerber ums Konsulat 63, die Sullae waren Verwandte des Diktators,

Vargunteius war wegen *ambitus* angeklagt und von dem berühmten Rivalen Ciceros, Hortensius, mit Erfolg verteidigt worden, L. Bestia war der Enkel des Konsuls, der den Jugurthinischen Krieg begann. Über die anderen ist weniger oder nichts bekannt.

Kolonien, Städte von römischen Bürgern außerhalb Roms, die in Rom ihr volles Bürgerrecht ausüben konnten, anfangs militärische Stützpunkte, dann Ansiedlungen der entlassenen großen Heere der Revolutionszeit.

Crassus, der Reiche, geb. 115, besiegte 71 Spartacus, Konsul 70 zusammen mit Pompeius, gehörte mit Caesar und Pompeius zum 1. Triumvirat. Nach der Zusammenkunft von Lucca (56) wurde Crassus 55 mit Pompeius Konsul. Als Prokonsul von Syrien unterwarf er Mesopotamien, wurde aber 53 von den Parthern bei Carrhae besiegt und getötet.

18 *L. Tullo et M'. Lepido cons.* 66 v. Chr. Uns ist eine Rede erhalten, in der diesen Publius Sulla – s. zu 17 – Cicero gegen die Anschuldigung, an der Verschwörung des Jahres 63 teilgehabt zu haben, verteidigt.

Die beiden Spanien *citerior* und *ulterior*, später *Tarraconensis* und *Baetica* genannt. Die Nordküste wurde erst unter Augustus erobert.

20 *tetrarcha* eigentlich Fürst eines der vier Gaue, in die ein Gebiet wie etwa Thessalien oder Galatien geteilt war, dann überhaupt kleinerer Fürst im Unterschied zum König.

21 P. Sittius Nucerinus aus Nuceria in Kampanien, war später Führer eines Söldnerheeres in Mauretanien. Cicero erklärte ihn in seiner Rede für Sulla für unschuldig, was aber nichts zu beweisen braucht. Als Söldnerführer hat er mit Sallust im afrikanischen Krieg 46 mitgekämpft und von Caesar zum Lohn Cirta als Fürstentum erhalten.

22 *Ciceronis invidiam.* Cicero rechnete selbst damit, daß die Tötung so vornehmer Bürger viel böses Blut machen würde und daß deshalb viele, die mit Catilina in Beziehung standen, ihn später angreifen würden. Deshalb sein ängstliches Bemühen, ganz den Gesetzen entsprechend zu verfahren. Es kann keinem Zweifel unterliegen, daß die Hinrichtung der Catilinarier gesetzmäßig war und daß Ciceros energisches Handeln noch einmal den Staat rettete, wenn es auch nur die Krankheitserscheinungen kurierte, nicht die Krankheit selbst. Die Verschwörer in ihrer Verbindung mit dem zum Staatsfeind erklärten Catilina hatten das Recht verwirkt, sich auf das Porcische Gesetz

(um 200) zu beziehen, nach dem (oder eigentlich denen: es gab drei) Geißelung und Hinrichtung eines römischen Bürgers ohne Bestätigung des Urteils durch die Volksversammlung verboten war.

25 Sempronia, eine Frau aus vornehmstem Hause. Sie war mit dem Konsul des Jahres 77, Decimus Iunius Brutus, verheiratet.

26 *pactione provinciae*. Die Konsuln übernahmen im Jahr nach ihrem Amt als Prokonsuln die Verwaltung einer Provinz. Für 62 waren das cisalpinische Gallien und Mazedonien bestimmt. Obwohl das Los so fiel, daß Cicero Mazedonien bekommen sollte, trat er diese Provinz, in der man sich eher reich machen konnte, an Antonius ab.

31 *lex Plautia de vi* gegen Leute, die die öffentliche Ordnung durch Gewaltanwendung störten. Der Prozeß, der von L. Aemilius Paulus, Konsul 50, angestrengt war, wurde durch die Ereignisse überholt.

oratio luculenta. Sie liegt uns in der ersten Catilinarischen Rede Ciceros vor. Sie beginnt mit den berühmten Worten: *Quo usque tandem abutere, Catilina, patientia nostra?* Uns sind vier Reden erhalten, die Cicero in dieser Sache hielt. Diese Reden, im Jahre 60 in einer Sammlung der Reden seines Konsulats veröffentlicht, sind freilich in der uns erhaltenen Form überarbeitet. Sallust erwähnt nur die erste, die eine praktische Folge hatte.

inquilinus ein Mieter im Unterschied zum Hausherrn, boshaft von dem adelsstolzen Catilina dem Manne aus Arpinum, obwohl diese Stadt seit 303 das Bürgerrecht besaß, vorgehalten. Man sieht, wie schwierig es für einen, der nicht zu den adligen Geschlechtern in Rom gehörte, war, sich Gleichberechtigung zu erkämpfen, wenn ein Mann wie Catilina den amtierenden Konsul so anpöbeln konnte.

Es ist sonst nicht auf Abweichungen von den historischen Tatsachen hingewiesen worden, weil das zu weit führen würde. Hier möge an einem Beispiel die künstlerische Absicht Sallusts bei solchen Verschiebungen deutlich werden. Catilina hatte diese Äußerung wohl in etwas weniger wirkungsvoller Form bei einer früheren Gelegenheit getan. Sallust setzt sie in wohlberechneter Steigerung an die entscheidende Stelle, an der Catilina offen als Staatsfeind auftritt und seine Zuflucht zu den Waffen nimmt.

38 Im Jahre 70 hatte Pompeius die von Sulla den Volkstribunen genommenen Rechte wiederhergestellt und damit der Plebs die

Waffe wiedergegeben, mit der sie sich gegen die Nobilität zu wehren pflegte. Im übrigen muß man sich hüten, unter *partes* oder *factiones* Parteien im heutigen Sinne mit bestimmten politischen Programmen oder einer bestimmten weltanschaulichen Ausrichtung zu sehen, ein Mißverständnis, das im vergangenen Jahrhundert Unheil in der Bewertung dieses ganzen Jahrhunderts angerichtet hat. Neuere Forschungen (von Münzer und Gelzer) haben gezeigt, daß sich die Nobilität in bestimmte Familien mit einem traditionellen Anhang spaltete, die ihre Interessen verfochten *(factiones)*, bzw. daß sich bestimmte *nobiles* im Interesse der eigenen Macht zum Anwalt des Volkes machten (*partes*: hie Senatsoligarchie, da *plebs*).

40 Umbrenus, ein Freigelassener.

41 *patrocinium*. Die Vertretung der Interessen bei Senat und Volk übernahm oft der Feldherr, der sie unterworfen hatte, und vererbte sie auch weiter.

43 *in agrum Faesulanum* scheint korrupt zu sein.

45 *ponte Mulvio* die nördlichste Tiberbrücke, über die die *via Flaminia* führt.

46 *aedes Concordiae*. Der Tempel der Concordia, der Eintracht des Staates, befand sich am kapitolinischen Hügel im Angesicht des Forums.

47 Der Brand des Kapitols im Jahre 83 hatte auch die Sibyllinischen Bücher, Weissagebücher, die der römische Staat in Notlagen um Rat fragte, vernichtet. Man hatte dann eine Reihe dieser Weissagungen aus allen Teilen der Welt wieder gesammelt und sie von neuem aufbewahrt. Außerdem aber liefen eine ganze Reihe unkontrollierbarer Weissagungen um, denen das Volk gläubig anhing, wie ja überhaupt in dieser aufgeregten Zeit, wie oft, der Glaube an Übernatürliches und Okkultes mächtig ins Kraut schoß. – *haruspices* die Eingeweidebeschauer.
Lentulus mußte erst sein Amt niederlegen, weil er als Beamter unantastbar war. Cicero hütete sich, einen Fehler zu machen, den Marius einmal begangen hatte, als er einen Prätor töten ließ.
Lentulus Spinther, Konsul 57, setzte sich für die Rückberufung Ciceros aus der Verbannung ein. Cornificius hatte sich mit Cicero ums Konsulat beworben.

48 *uti referatur* nämlich vom Konsul, der Konsul trug den Gegenstand vor und schloß mit der Frage *de ea re quid fieri placet?* Damit begann er den zweiten Teil der Verhandlung, das *rogare sententias* oder *consulere senatum*.

49 Gaius Calpurnius Piso, Konsul 67, 66/65 Prokonsul der Provinz
Gallia Narbonensis. Als ihn 63 die Allobroger *repetundarum*
verklagten, eine Klage, in der für die in der Amtsführung wi-
derrechtlich erpreßten Gelder Schadenersatz verlangt wurde,
belangte ihn Caesar als Patron der Gallia transpadana (der
Poebene) wegen der Tötung eines Mannes dieser Provinz.

50 Tiberius Claudius Nero der Großvater des Kaisers Tiberius.

51 *bello Macedonico* 171–168. Aemilius Paulus besiegte 168 bei
Pydna Perseus. Das Jahr ist bedeutungsvoll für die römische
Geschichte, weil Rom damit nach der östlichen Hälfte des
Mittelmeeres übergriff. Für die Rhodier hatte sich der alte
Cato eingesetzt, derselbe, der dann unerbittlich für die Zer-
störung Karthagos war, obwohl man die Argumente, die er für
die Rhodier geltend gemacht hatte, gegen ihn wandte.

quae legibus comparata sunt. Bedenkt man die ängstliche Vor-
sicht, mit der man hier gegen Hochverräter vorgeht, versteht
man, wie Joseph Vogt, Cicero und Sallust über die Catilinarische Verschwörung (Auf dem Wege zum nationalpolitischen
Gymnasium 1938), zu dem Urteil kommt, man gewönne aus
den Schriften Ciceros und Sallusts die Geschichte einer Regierung, die über der Wahrung der Verfassung nahezu den Staat
preisgab.

Die *lex Porcia* – s. zu 22 – verbot, einen römischen Bürger
unter Mißachtung seines Berufungsrechtes an die Volksversammlung *(provocatio ad populum)* zu töten oder zu geißeln.

triginta viros, die Herrschaft der Dreißig, 404–403 v. Chr.,
die mit der Wiederherstellung der Demokratie unter dem
Archon Eukleides endet.

52 M. Porcius Cato, ein Nachfolger des alten Cato, damals 32 Jahre alt und designierter Volkstribun. Begeht aus Schmerz über
den Untergang der alten *res publica* im Jahre 46 in Utica
Selbstmord (daher der Beiname Uticensis).

Die Erinnerung an die Zeit, als die Gallier Rom einnahmen
und die Römer an der Allia (390) schlugen, ist im Volksbe-
wußtsein bewahrt geblieben.

Titus Manlius Torquatus ließ seinen Sohn 340 im Krieg gegen
die Latiner töten, den er, zum drittenmal Konsul, zu führen
hatte. *Gallico* (im Text steht: im Krieg gegen die Gallier) und
A. ist wohl ein Irrtum des Sallust.

55 *in carcere.* Der angeblich von dem König Ancus Marcius ge-
baute *carcer Mamertinus*, das Staatsgefängnis, lag am Fuße des
Kapitols.

59 Mit den Freigelassenen und Siedlern. Manche ändern in: *calonibus* Troßknechte. Man kann aber *colonis* wohl verstehen; wie die andern ihre Sklaven und Freigelassenen, so hatte Catilina auch die Pächter seiner Besitzungen aufgeboten, die von ihm abhängig waren. Ebenso möglich ist die Ansicht Ernouts, daß es sich um die angesiedelten Veteranen Sullas handelt. Nur befremdet dann die Stellung hinter den Freigelassenen.
Marcus Petreius kämpfte später als General unter Pompeius gegen Caesar in Spanien und Afrika und tötete sich nach der Schlacht von Thapsus (46) selbst.
60 Leibgarde. Es handelte sich um eine Kohorte auserlesener Legionäre, die den Konsul oder den Feldherrn schützten. In der Kaiserzeit wurde daraus eine ständige Einrichtung zum Schutze des Kaisers.

LITERATURHINWEISE

Ausgaben

C. Sallustius Crispus, *Catilinae coniuratio – Bellum Iugurthinum – – Orationes et epistulae excerptae de Historiis – Epistulae ad Caesarem senem.* Textbearbeitung von H. Haas und E. Römisch, Einleitungen von M. Gelzer. 4. durchgesehene Auflage, Heidelberg 1959. (Heidelberger Texte 8)

Salluste, *Catilina, Iugurtha, Fragments des Histoires.* Texte établi et traduit par A. Ernout. 5e éd., Paris: Budé 1962.

C. *Sallustii Crispi Catilina, Iugurtha, Fragmenta ampliora,* post A. W. Ahlberg edidit A. Kurfess. ed. stereotypa cum add. et corr., Leipzig: Teubner 1964.

Bibliographien

H. Dieterich, *Sallust.* Auswahlbericht über die Literatur 1945 bis 1956. In: Gymnasium 64 (1957), S. 533 ff.

A. D. Leeman, *A systematical bibliography of Sallust* (1879 bis 1964), rev. & augm. ed., Mnemosyne Suppl. IV, Leiden 1965.

Literatur

C. Becker, *Sallust.* In: Aufstieg und Niedergang der römischen Welt. Berlin und New York 1973.

K. Büchner, *Der Aufbau von Sallusts bellum Iugurthinum.* Hermes, Einzelschr. 9, 1953.

K. Büchner, *Sallust.* Heidelberg 1960.

K. Büchner, Das »verum« in der historischen Darstellung des Sallust. In: Gymnasium 70 (1963), S. 231 ff.

G. Carlsson, *Eine Denkschrift an Caesar über den Staat.* Lund 1936.

A. Dihle, *Zu den Epistolae ad Caesarem senem.* In: Museum Helveticum 11 (1954), S. 126 ff.

H. Drexler, *Sallust.* In: Neue Jahrbücher 4 (1928), S. 390 ff.

D. C. Earl, *The political thought of Sallust.* Cambridge 1961.

G. Funaioli, *Sallust.* In: Pauly-Wissòwa, Realencyclopädie der klassischen Altertumswissenschaft 2. Reihe, 2. Hbb. (1920), Sp. 1913 ff.

F. Klingner, *Über die Einleitung der Historien Sallusts.* In: Hermes 63 (1928), S. 165 ff.

A. Klinz, *Sallust als Schulautor.* Didaktische Hinweise und Interpretationsbeispiele. Bamberg 1992.

K. Latte, *Sallust.* Leipzig 1935 (Neue Wege zur Antike 2. Reihe, Heft 4); jetzt: Darmstadt 1962.

A. D. Leeman, *Sallusts Prologe und seine Auffassung von der Historiographie.* In: Mnemosyne (4. Serie) 7 (1954), S. 323 ff. und 8 (1955), S. 38 ff.; jetzt in: Das Staatsdenken der Römer. Wege der Forschung 46, Darmstadt 1966, S. 472 ff.

V. Pöschl, *Grundwerte römischer Staatsgesinnung in den Geschichtswerken des Sallust.* Berlin 1940.

E. Schwartz, *Die Berichte über die catilinarische Verschwörung.* In: Hermes 32 (1897), S. 554 ff.; jetzt in: Gesammelte Schriften II, Berlin 1956, S. 275 ff.

W. Steidle, *Sallusts historische Monographien.* Historia, Einzelschriften Heft 3, 1958.

R. Syme, *Sallust.* Berkeley und Los Angeles 1964.

J. Vogt, *Cicero und Sallust über die Catilinarische Verschwörung.* Frankfurt a. M. 1938.

K. Vretska, *Der Aufbau des Bellum Catilinae.* In: Hermes 72 (1937), S. 202 ff.

K. Vretska, *De Catilinae coniuratione.* Kommentar. Heidelberg 1976.

Ausführliche Literaturhinweise finden sich in M. v. Albrecht, *Geschichte der römischen Literatur,* Bd. 1, München 1994, S. 347 bis 370.

NACHWORT

Sallusts Catilina gehört zu den Schriftwerken, die unvergänglich in jeder Zeit neu entdeckt und von anderen Seiten kennengelernt werden. Man muß ihn nach der Lektüre auf der Schule, wo der Sallust einem wohl wie ein naher Zeitgenosse schien, der nur ein wenig viel von Moral vielleicht im Stile der eben erst verflossenen moralseligen Epochen redete, in höherem Alter wieder lesen, um das Unvergleichliche seiner Leistung, die Kühnheit und illusionslose Klarheit seines Unternehmens, den packenden, konkreten, prägnanten, das Gewöhnliche vermeidenden, von widerstreitenden Spannungen hin- und hergerissenen, den Hörer niemals sich selbst überlassenden Stil und den künstlerischen Aufbau würdigen zu können und zu erkennen, daß hier ein Mensch bei allem sehr spürbaren Abstand der 2000 Jahre ein Werk geschaffen hat, das nicht altert, weil es den größten Gegenstand, das Schicksal eines Volkes, zum Kunstwerk erhoben hat und mit reifster menschlicher Erfahrung in die Tiefen der Menschennatur vorgestoßen ist, wo sie sich ewig gleichbleibt.

Der Verfasser der Schrift, Gaius Sallustius Crispus, im Todesjahr des Marius (86 v. Chr.) in Amiternum im Sabinerland geboren, wohl aus guter Familie, hat die Bildung seiner Zeit genossen, aber nicht ernsthaft den Gedanken verfolgt, ein Geschichtsschreiber zu werden: die Politik zog ihn mit Macht in ihren Bann; der ehrgeizige junge Mann suchte wie die meisten dieser Zeit, die einen Anspruch zu haben glaubten, in den Parteikämpfen des sich zerfleischenden Staates emporzukommen. Er hat sich dabei, wie üblich und notwendig, einem der führenden Männer angeschlossen. Es war, wie jüngst erkannt werden konnte, zunächst der Triumvir M. Crassus. Wie er sich während seiner Quästur, dem Amt, das den Zugang zum Senat erschloß, verhalten hat, können wir daraus nur erschließen, als Tribun im Jahre 52 hat er mittel-

bar für Caesar, d. h. gegen die Nobilität Stellung genommen. Zwei uns erhaltene Briefe an Caesar, politische Broschüren, vor Beginn des Bürgerkrieges und nach dem Sieg, zeigen, daß er sein Schicksal mit dem Caesars verknüpft hatte, in ihm die einzige Rettung für den scheinbar dem Chaos zurasenden Staat sah. Die Parteinahme für Caesar, kaum ein Ehebruch, wie überliefert wird, war der Grund, daß Sallust im Sommer des Jahres 50 vom Zensor Appius Claudius aus dem Senat und damit aus der normalen politischen Laufbahn gestoßen wurde. Caesar verwendete ihn in den folgenden Jahren als Führer eines Truppenkommandos in Illyrien (49), dann erhielt er den Auftrag (Ende 47), in Kampanien eine Meuterei der Legionen, die für den Afrikafeldzug Caesars im folgenden Jahre bestimmt waren, niederzuschlagen. Beide Male hatte er keinen Erfolg. Immerhin rehabilitierte ihn Caesar, er wurde Prätor und konnte so seine politische Laufbahn wiederaufnehmen. Im Afrikafeldzug Caesars (46) trug er durch eine Unternehmung gegen die Insel Cercina in der Kleinen Syrte, wie die Historiker urteilen, zu Caesars entscheidendem Siege mit bei. Sallust wurde daraufhin Statthalter in der neugeschaffenen Provinz in Afrika. Diese Statthalterschaft hat ihm so viel eingebracht, daß er sich in Rom die berühmten »sallustischen Gärten«, in Tibur eine Villa kaufen konnte. Caesar ließ ihn freisprechen, als er wegen der Art seiner Provinzverwaltung in einen Prozeß verwickelt wurde. Die Ermordung Caesars an den Iden des März 44 mußte allen seinen Hoffnungen ein Ende setzen, er zog sich aus der Politik zurück. Fortan lebte er der Geschichtsschreibung und der Erkenntnis der Ursachen des Verfalls der römischen Herrschaft. Kein Ende war in diesem Kampfe um die Macht vorauszusehen, in dem immer wieder ein Stärkerer den erschöpften Sieger verdrängte, wie er es im Catilina schildert. Aktium, den Wendepunkt, in dem auch manche Zeitgenossen wohl nur einen dieser Bürgerkriegssiege sehen mochten, hat er nicht mehr erlebt: im Jahre 35 oder nach neuesten Forschungen 34 v. Chr. ist er gestorben.

Der Übergang aus der Politik, der er sich nicht mehr zugehörig fühlte, weil echte Leistung und menschlicher Wert *(virtus)*, das einzig Dauernde, wie er sagt, nicht mehr selbstverständliche Anerkennung fanden, ist ihm nicht leicht geworden. Er gehörte im Grunde zu jenen Römern, die allein in der Tätigkeit für den Staat die ein Leben ausfüllende Beschäftigung eines römischen Mannes sahen, und man glaubt es dem Eifern und Verteidigen in den Vorreden zum Catilina und zum Jugurthinischen Kriege anzumerken, wie neu ihm die Erkenntnis ist, daß bei der Lage der Dinge mehr Nutzen aus seiner Geschichtsschreibung, d. h. seiner Muße – für den Römer dem »Nichtstun« –, für sein Volk entspringe als aus einer politischen Tätigkeit, wenn er sich etwa weiter an dem Treiben jener Tage beteiligt hätte. Nach römischem Empfinden konnte man ihm den Vorwurf der *inertia*, der Schlaffheit und Trägheit, machen, des Gegenteils von Tüchtigkeit und Fleiß. Und Sallust erkennt diese Wertung in gewisser Weise an, stellt seine Existenzform nicht etwa gleichberechtigt daneben. Nur bei der jetzigen Lage der Dinge kann man das, was der Mensch erreichen soll, nämlich sich durch Taten des Geistes dauernden und wahren Ruhm zu erwerben, nicht mehr erreichen, wenn man sich dem vergänglichen, weil nicht mehr wahrem Werte dienenden Leben der Tagespolitik widmet. Den Gedanken zu fassen, trotzdem dem Staate zu dienen, auch wenn keine Aussicht auf Anerkennung besteht und um des Rechten willen, war Cicero vorbehalten geblieben. Sallust war zu sehr im Altrömischen verwurzelt, der Gedanke, Ruhm, Glanz und Anerkennung als selbstverständliche Gegenleistung der Gemeinschaft zu ernten, so stark in ihm haftend, daß er sich abwendet und zurückzieht. Freilich bleibt der Wille, dem Staate auf bessere Weise zu nützen, nämlich durch die Geschichtsschreibung. Die Gedanken aber, mit denen er diese Rechtfertigung seiner neuen Lebensform vollzieht, sind ihm in der Auseinandersetzung mit philosophischen Gedankengängen der Griechen erwachsen. So enthalten seine Vorreden eine ganz ursprüngliche – ursprünglich, weil mit ihr seine ganze Existenz steht

und fällt – Philosophie aus römischen und griechischen Gedanken.

Seine Geschichtsschreibung, nach dem Tode Caesars entstanden, will nicht das Gewesene schlechthin darstellen, sie hat wie alle römische Geschichtsschreibung einen praktischen Zweck. Sie will Beispiele geben, zu Tüchtigkeit, wahrem Wert und Tapferkeit – der Römer faßt dies in dem unübersetzbaren Wort *virtus* zusammen – aufrufen. Die Geschichte ist für den Römer und das römische Volk das, was die Ahnenbilder für den Mann aus vornehmer Familie sind, die ihn anspornen, der *virtus* der Vorfahren gleichzukommen. So hat es Sallust selbst im Jugurtha schön ausgedrückt. Der Historiker ist der Verwalter der *memoria*.

Einer großen Sache ein Denkmal zu errichten und dabei dem wahren Wert zu seiner verdienten Anerkennung zu verhelfen, das ist die Absicht des Historikers Sallust. Dabei kommt es ihm nicht in erster Linie darauf an, das, was wir unter historischer Wahrheit verstehen, den richtigen zeitlich-kausalen Zusammenhang, aufzuhellen, sondern eben auf die tiefere Wahrheit. Man hat aus zeitlichen Ungenauigkeiten und Verschiebungen schließen wollen, daß Sallust aus Parteiinteresse den Zusammenhang fälsche. Das ist nicht so. Wie sollte man es dann erklären, daß er im Jugurthinischen Krieg den Mann der Nobilität, Metellus, aufs höchste rühmt, den Mann seiner Partei, Marius, auch tadelt und durchaus nicht immer im günstigen Lichte erscheinen läßt und daß er auch seinem Gegner Cicero in der vorliegenden Schrift alle Gerechtigkeit widerfahren läßt? Freilich hält seinem scharfen und eifersüchtig-wachsamen Blick kaum eine Gestalt stand, und größte *virtus* billigt er nur Caesar und Cato zu. Die zeitlichen Verschiebungen – es handelt sich in der Hauptsache um deren zwei – erklären sich alle daraus, daß Sallust künstlerisch frei schaltet und aufbaut, um das, was er als die tiefere Wahrheit des Handelns ansieht, schärfer herauszuarbeiten. Sicher ein nicht ungefährliches Verfahren, aber es läßt auch eine ungebrochene Sicherheit des Urteils erkennen, die dem Schriftsteller trotz der widersprechenden Wirklich-

keit aus einer im Grunde noch ungebrochenen Moral der Gemeinschaft erwächst, auf der ja dann Augustus sein Erneuerungswerk aufbauen kann. Es bleibt also bei dem Urteil, das Augustin über Sallust gefällt hat, er sei ein *nobilitatae veritatis historicus*, ein Historiker von rühmenswerter Wahrhaftigkeit.

Er hat die römische Geschichte »stückweis« beschrieben, wie er sich ausdrückt, wie jeder des Gedächtnisses wert schien. Er begann damit, die Verschwörung des Catilina darzustellen, schrieb dann den Jugurthinischen Krieg und als letztes Werk die Historien, ein Werk, das mit dem Tode Sullas dort begann, wo der Historiker der sullanischen Zeit aufgehört hatte, Sisenna. Diese Gegenstände sind nicht zufällig gewählt. Unsere Schrift stellt den moralischen Verfall des politischen Lebens auf dem Höhepunkte dar in der großen Verbrechergestalt Catilinas, die nur in dieser korrupten Gesellschaft möglich war, der Jugurtha zeigt den Beginn der Reaktion des Volkes gegen die korrupte Nobilität, in den Historien – daraus sind nur Reden und eine ganze Anzahl Fragmente erhalten – werden die verheerenden Folgen des sullanischen Regimentes, wie er sie in einem Exkurs unserer Schrift andeutet, breit hervorgetreten sein. Alle Werke gehen also dem einen Problem nach, wie es gekommen ist, daß der römische Staat an den Abgrund kam, dem man unaufhaltsam weiter zusteuert. Ein griechischer Historiker, Poseidonius, lehrte ihn wohl besonders, die ganze römische Geschichte in einem großen Zusammenhang zu sehen. In ihm bringt das Epochenjahr 146, das Jahr der Zerstörung Karthagos, die entscheidende Wende. Als die Furcht vor dem großen Feinde wegfiel, begannen jene Laster, die Ehrsucht und die Habsucht, *ambitio* und *avaritia*, die den Menschen und damit den Staat zugrunde richten. Hatte aber Poseidonius in Sulla alles zur alten Ordnung zurückkehren lassen, wie wir aus seiner Darstellung der Gracchen erschließen, so sieht Sallust tiefer, mit mehr Erfahrung und pessimistischer. Jenes Jahr war der Beginn eines unaufhaltsamen und unübersehbaren Verfalls. In allen drei Werken wird dieses

Geschichtsbild der gesamten römischen Geschichte gemalt. In unserer Schrift gleich zu Anfang, um die Gestalt des Catilina aus dieser Schilderung zu entwickeln, im Jugurtha in einer Einlage, in den Historien in der Vorrede. Man sieht, wie wichtig ihm gerade dies Anliegen, die Erkenntnis des moralischen Verfalls, war. Und das Bild wird immer düsterer. Wird im Catilina die Vorzeit noch in goldenem Lichte gesehen, so sind die Menschen im Jugurtha vor der Zerstörung Karthagos nur aus Zwang gut, in den Historien vollends wird nach der Zerstörung Karthagos nur ein Anwachsen der Verderbnis festgestellt. Man kann wohl davon sprechen, daß Sallusts Menschenbild und damit das Bild vom Gesamtverlauf der römischen Geschichte immer dunkler und verzweifelter wird. Diese Fähigkeit aber, auf die letzten Ursachen zurückzugehen und die römische Geschichte in einem Gesamtverlauf zu sehen, ist etwas Neues in der römischen Geschichtsschreibung, die bis dahin immer wieder entweder die Geschichte der Stadt von ihren Anfängen oder eine glanzvolle Epoche, wie den Ersten Punischen Krieg, oder Zeitgeschichte mit bestimmter politischer Absicht dargestellt hatte.

Die vorliegende Schrift, der Catilina, ist das Erstlingswerk des Sallust, und man meint ihm das noch an manchen Zügen anzusehen. Die Breite der Vorgeschichte mit dem Rückgriff in die frühesten Zeiten, ein Einschub wie der Bericht über die erste Verschwörung, Einzelschilderungen und -züge wie das Bild der Sempronia oder die Tötung des Fulvius gibt es dann in dem noch strafferen Jugurthinischen Krieg nicht mehr. Dafür entschädigt der Stoff in besonderer Weise, eben die Darstellung des Höhepunktes der Zersetzung, in dem der Staat noch einmal Sieger bleibt. Aber auch der Aufbau ist kunstvoll und überlegt, voll dramatischer Spannung. Man darf dabei nicht einen einheitlichen Gedanken, der auch den Aufbau von Anfang bis Ende durchformte, suchen. Es ist vielmehr so, daß Sallusts Blick, der Sache entsprechend und so ihr besonders gerecht werdend, zunächst auf Catilina weilt, ihn verständlich macht aus den Zustän-

den des Staates, dann den Staat im Kampfe zeigt, wobei der Blick wechselt, jeweils von Catilina auf die Maßnahmen des Staates geht, um schließlich zum Schluß die Gestalt des Catilina, der mit einem heldenhaften Tode sein Verbrechen sühnt, wieder hervortreten zu lassen und seine mannhafte Art anzuerkennen, die sich in seinem Ende zeigt und in der Sallust noch etwas von der Kraft spürt, die einst den Staat groß gemacht hat.

So große Stilisten wie Nietzsche und Hugo von Hofmannsthal haben bekannt, daß ihnen bei der Lektüre des Sallust aufgegangen sei, was Stil ist. Bei Sallust spiegelt er das immer wache Ringen um die geringste Nuance der historischen Wahrheit. Er weiß sie in seiner schon im Altertum gerühmten »göttlichen Kürze« so darzustellen, wie er es im Proömium fordert: er kommt den Taten mit den Worten gleich. Freilich fordert dieser Stil vom Leser die gleiche Wachsamkeit. Es ist wie bei einem virtuosen Komponisten, der bei jedem Ton weiß, was er spielt, und der darum auch entsprechend gehört werden muß. Nicht minder als seine Kürze ist dabei Sallusts Inkonzinnität berühmt, die sich niemals der Harmonie oder Parallelität zuliebe einem schematischen Ablauf überläßt, und seine Hintergründigkeit, die mit einer Fülle von Obertönen jedes Wort auf das Ganze einer Weltsicht bezieht. In einem solchen Falle muß der Übersetzer vor allem Treue bewahren. Besonders schwierig wird das, wenn die altertümliche Würde einer archaisierenden Stelle oder der Wechsel der Tempora vom erzählenden Vergangenheitstempus zum Präsens der Vergegenwärtigung oder auch zeitloser Feststellung, der es nur noch um das zeitüberlegene Wesentliche geht, nachzubilden ist. Es sind diese Härten – ob deren Nachbildung geglückt ist, mag der Leser entscheiden – in Kauf genommen worden, weil nur so die hellwache Denkarbeit und Darstellungskraft zutage tritt, die aus der Beschreibung eines Putschversuches ein großes Denkmal römischer Geschichte gemacht und ein zeitlos gültiges Urteil über die Gestalt dieses gewaltigen Staatsverbrechers hat fällen lassen.

Römische Literatur
IN RECLAMS UNIVERSAL-BIBLIOTHEK

Geschichtsschreibung

Augustus, *Res gestae / Tatenbericht.* Lat./griech./dt. 88 S. UB 9773

Caesar, *De bello Gallico / Der Gallische Krieg.* Lat./dt. 648 S. UB 9960 – *Der Bürgerkrieg.* 216 S. UB 1090 – *Der Gallische Krieg.* 363 S. UB 1012

Eugippius: *Vita Sancti Severini / Das Leben des heiligen Severin.* Lat./dt. 157 S. UB 8285

Livius, *Ab urbe condita. Römische Geschichte. 1. Buch.* Lat./dt. 240 S. UB 2031 – *2. Buch.* Lat./dt. 237 S. UB 2032 – *3. Buch.* Lat./dt. 263 S. UB 2033 – *4. Buch.* Lat./dt. 235 S. UB 2034 – *5. Buch.* Lat./dt. 229 S. UB 2035 – *21. Buch.* Lat./dt. 232 S. UB 18011 – *22. Buch.* Lat./dt. 256 S. UB 18012 – *Römische Geschichte. Der Zweite Punische Krieg.* I. Teil. 21.–22. Buch. 165 S. UB 2109 – II. Teil. 23.–25. Buch. 160 S. UB 2111 – III. Teil. 26.–30. Buch. 240 S. UB 2113

Nepos, Cornelius, *De viris illustribus / Biographien berühmter Männer.* Lat./dt. 456 S. UB 995

Sallust, *Bellum Iugurthinum / Der Krieg mit Jugurtha.* Lat./dt. 222 S. UB 948 – *De coniuratione Catilinae / Die Verschwörung des Catilina.* Lat./dt. 119 S. UB 9428 – *Historiae / Zeitgeschichte.* Lat./dt. 88 S. UB 9796 – *Die Verschwörung des Catilina.* 79 S. UB 889 – *Zwei politische Briefe an Caesar.* Lat./dt. 95 S. UB 7436

Sueton, *Augustus.* Lat./dt. 200 S. UB 6693 – *Caesar.* Lat./dt. 191 S. UB 6695 – *Nero.* Lat./dt. 151 S. UB 6692 – *Vespasian, Titus, Domitian.* Lat./dt. 136 S. UB 6694

Tacitus, *Agricola.* Lat./dt. 150 S. UB 836 – *Annalen I–VI.* 320 S. UB 2457 – *Annalen XI–XVI.* 320 S. UB 2458 – *Germania.* 80 S. UB 726 – *Germania.* Lat./dt. 112 S. UB 9391 – *Historien.* Lat./dt. 816 S. 8 Abb. u. 6 Ktn. UB 2721

Velleius Paterculus, *Historia Romana / Römische Geschichte.* Lat./dt. 376 S. UB 8566

Philipp Reclam jun. Stuttgart